© 2018 , Jean Clément

Edition : BoD - Books on Demand
12/14 rond-point des Champs Elysées, 75008 Paris
Imprimé par Books on Demand GmbH, Norderstedt, Allemagne
ISBN : 9782322102525
Dépôt légal : février 2018

Eugène Tavernier
Un poilu dans la guerre

Correspondance 1913-1918

Tome I
L'Argonne

Correspondance éditée par Jean Clément

À mes grands-parents

La correspondance entre Eugène Tavernier et sa femme Henriette, telle qu'elle nous est parvenue, court du 14 mai 1913 au 5 octobre 1918. Elle témoigne, comme bien d'autres, de l'imbrication entre deux histoires. La grande, celle de la guerre que se firent les nations et celle, modeste, d'un couple amoureux qu'elle sépara pendant presque quatre ans et qui traversa dans la peur et l'espoir cette période si terrible. La grande histoire a été suffisamment documentée pour qu'il ne soit pas nécessaire de la rappeler en détails. Seules des notes de bas de page pour éclairer telle ou telle lettre ou de brèves introductions pour présenter telle ou telle période m'ont paru utiles.

L'histoire d'Henriette et d'Eugène est aussi celle de leurs proches ; elle jette un éclairage singulier sur cette période mouvementée. Des notes permettront de faire connaissance avec cette famille, de mieux situer les personnages et les événements qui traversent ces lettres.

En introduisant ce premier volume qui couvre la période allant de la rencontre des futurs époux jusqu'au départ d'Eugène pour Salonique, il a paru nécessaire de présenter d'abord la famille d'Eugène ainsi que celle d'Henriette. On trouvera par ailleurs en fin de volume deux index permettant de retrouver facilement les personnes et les lieux.

Eugène et Henriette se rencontrent à Château-Thierry en 1913 sans qu'on sache exactement dans quelles circonstances. Lui a trente-trois ans, il est né en 1880, elle en a vingt-huit, elle est née en 1885.

La famille des Tavernier est originaire de l'Orne. Le père d'Eugène, Toussaint Tavernier, est né en 1842 à La Bellière, d'une famille de cultivateurs. Il est boucher à Almenêches et exploite quelques terres pour son bétail. Il a épousé en 1848 Virginie Piquet ; c'est elle qui tient la boutique. Ils ont eu trois enfants, Célestine née en 1869,

Eugène né en 1880 et Alice, née en 1885. C'est de cette dernière qu'Eugène se sent le plus proche.

Quand Eugène se marie, ses deux sœurs sont déjà mariées et mères de famille. Célestine a épousé Alexandre Deshais, elle vit à Argentan et a deux enfants, Morice et Marie-Louise. Alice a épousé Georges Berthou, ils vivent au Mans avec leur fille, Raymonde.

Eugène est attaché à sa famille d'origine, à sa mère et à ses « frangines », il est aussi resté attaché à Almenêches, la ville où il a grandi. De son enfance on ne sait pas grand-chose. Il a fait des études secondaires, puis des études de métreur qui l'ont amené à travailler dans le bâtiment. Au moment où il rencontre sa future femme il dirige une entreprise de travaux publics située à Paris, 17 rue Titon, dans le 11ème arrondissement de Paris, où il a sa résidence. Il a fait son service militaire comme soldat musicien dans le premier régiment du Génie à Versailles de 1901 à 1904 en même temps que le peintre Fernand Léger et que Roger Godineau, le futur parrain de sa fille Marie-Louise.

La famille d'Henriette vient d'Acy-en-Multien, un petit village de l'Aisne. Son père, Alexis Bridoux est né en 1839. Il est le fils d'un maçon. Il a fait des études de géomètre et a épousé Marie-Louise Dubourg de huit ans sa cadette. Ils ont eu trois filles, Louise, Charlotte et Henriette.

Après la mort prématurée d'un premier enfant, l'aînée, Louise, née en 1872, a eu un fils, Charles, avec Paul Dubourg, un commissaire–priseur originaire de Fère-en-Tardenois. Celui-ci est décédé peu après la naissance de son fils, lui laissant une situation matérielle confortable, une belle maison à Château-Thierry et une autre au Tréport. Depuis elle est restée veuve.

Charlotte a épousé Georges Alnet en 1897, elle avait 18 ans. Il est entrepreneur en bâtiment. Ils habitent à Paris. Ils ont trois enfants, Marguerite, Suzanne et Antoinette.

Henriette est la dernière fille Bridoux, née en 1885. Elle a 13 ans d'écart avec sa sœur aînée. Quand elle rencontre Eugène, elle est orpheline. Son père est mort quand elle avait 13 ans et sa mère décède l'année de sa rencontre avec Eugène.

L'environnement familial d'Eugène et celui d'Henriette sont donc bien différents. D'un côté une famille d'origine paysanne et commerçante plutôt heureuse et solide qui jouera un rôle important dans le soutien qu'elle apportera pendant la guerre au couple nouvellement marié, de l'autre une famille cultivée, plus bourgeoise — les filles jouent du piano— mais endeuillée, plus fragile et plus compliquée. Les trois sœurs sont d'un tempérament plus tourmenté et plus inquiet qui forme un contraste avec la bonne humeur qu'Eugène ne cessera de vouloir transmettre et qui transparaît dans ses lettres malgré les évènements tragiques.

*
* *

Ce premier volume reprend les lettres qui couvrent les événements depuis la rencontre d'Henriette jusqu'à l'embarquement pour Salonique.

Après la période heureuse des fiançailles qui révèle un Eugène enjoué et volontiers badin, c'est le mariage à Château-Thierry sous le regard bienveillant de Louise et, enfin, la naissance du petit Marcel.

La déclaration de guerre met fin à ce bonheur. Mobilisé comme soldat de deuxième classe et réserviste, Eugène est envoyé en Argonne après la bataille de la Marne, au moment où le front se fige et où les deux camps s'enterrent dans les tranchées pour de longs mois. Commence alors une terrible guerre des mines au cours de laquelle Eugène incorporé dans le 1er régiment du Génie va devoir s'employer comme sapeur-mineur. Travail de nuit dans la forêt, construction d'un réseau de tranchées, creusement de galeries souterraines pour poser des mines sous les lignes adverses. Eugène n'est pas en première ligne, mais il subit comme les autres les canonnades incessantes et voit passer les morts et les blessés qui reviennent des combats. De cette vie difficile, dans des conditions matérielles éprouvantes, il parle avec humour dans ses lettres. Comme la plupart de ses camarades, il tente de rassurer sa femme et ses proches en minimisant les épreuves. C'est aussi une façon d'exorciser la peur en banalisant le danger avec des mots drôles. Et puis il se répète que la guerre sera courte et il se voit déjà rentrer chez lui pour Noël. Cette vie de soldat est aussi l'occasion pour Eugène de se montrer bon camarade. Par son âge il fait figure d'ancien et souvent de meneur. C'est un débrouillard plein d'initiatives et un costaud.

Cette débrouillardise, associée à la bonne étoile qu'il invoque souvent, va le servir durant ses quatre années de guerre. Dès le lendemain de Noël 1914 il est évacué sur Nice pour soigner des hémorroïdes. Installé dans un palace transformé en hôpital, il retrouve Henriette et Louise qui logent en ville accompagnées de leurs deux enfants. Il ne rejoint son régiment qu'en mai, à Versailles. C'est là qu'il demande et obtient sa mutation dans le corps expéditionnaire d'Orient, non plus comme sapeur mais comme « projecteur ». Cette décision est avant tout un moyen d'échapper au retour dans les tranchées de l'Argonne. Mais ce faisant, il sait qu'il part vers l'inconnu en laissant femme et enfant pour longtemps.

Eugène Tavernier en soldat musicien

Henriette Bridoux

MAÇONNERIE
& TRAVAUX PUBLICS

Ancienne Mon V. CHEVREUIL

Louis PIQUET
GENDRE ET SUCCESSEUR

Bureau & Magasin :
17, Rue Titon

DEPOT de PLATRE & MATERIAUX
pour le BATIMENT

VENTE AU DÉTAIL
PARIS (XIe)
Téléphone : 926-22

E. TAVERNIER, Succr

Paris le 17 mai 1913

Chère Henriette,

De retour dans ma garçonnière (j'allais dire bonbonnière !) je profite d'un court moment pour vous entretenir des menus faits (il y en aura donc toujours) qui se sont passés pendant ma courte absence.

Et d'abord, aussitôt débarqué à la gare de l'Est je me précipitai au guichet Grandes Lignes et non Banlieue pour liquider cette affaire de billets. Le receveur plutôt grincheux sommeillait dans sa cage en attendant les clients. Peut-être ai-je eu tort de le déranger et cependant j'y allais pour cela, mais il m'a reçu plutôt fraîchement. Il est vrai qu'il pleuvait à ce moment là. Je me suis donc excusé de mon mieux, l'informant que j'avais pris une leçon de moralité avec Mr Martner ; malgré tout, il n'a rien trouvé de mieux que de m'adresser au chef de service sur les quais. J'aperçois donc une tête ceinte de galons d'or tel un général au service d'embarquement qui me reçoit _lui_ fort gracieusement, mais m'exprime tout aussitôt tous ses regrets de ne pouvoir rien faire. Seul le chef de gare de Château Thierry avait plein pouvoir. Qu'en eut-il dit ! Je crois cependant me rappeler qu'en arrivant je lui en avais fait l'observation.

Première lettre d'Eugène à Henriette

1

[Entête:] Maçonnerie & Travaux publics, Ancienne M^{on} V. CHEVREUIL, Louis Piquet Gendre et successeur, Bureau et Magasin : 17, rue Titon, Dépôt de plâtre et de matériaux pour le batiment, Vente au détail Paris (XIe), Téléphone : 926-22, E. Tavernier, succ^r

Paris, le 14 mai 1913

Chère Henriette,

De retour dans ma garçonnière (j'allais dire bonbonnière !) je profite d'un court moment pour vous entretenir des menus faits (il y en aura donc toujours) qui se sont passés pendant ma courte absence.

Et d'abord, aussitôt débarqué à la gare de l'Est je me précipite au guichet Grandes lignes et non Banlieue pour liquider cette affaire de billets. Le receveur plutôt grincheux somnolait dans sa cage en attendant les clients. Peut-être ai-je eu tort de le déranger et cependant j'y allais pour cela, mais il m'a reçu plutôt fraîchement. Il est vrai qu'il pleuvait à ce moment-là. Je me suis donc excusé de mon mieux (heureusement que j'avais pris une leçon de maintien avec Me Martner[1]) malgré tout, il n'a rien trouvé de mieux que de m'adresser au chef de service sur le quai. J'aperçois donc une tête ceinte de galons d'or tel un général au service d'embarquement qui me reçoit—lui, fort gracieusement, mais m'exprime tout aussitôt tous ses regrets de ne pouvoir rien faire. Seul le chef de gare de Château-Thierry[2] avait pleins pouvoirs. Qui l'eût dit ! Je crois cependant me rappeler qu'en arrivant je lui en avais fait l'observation. Bref et pour en terminer j'ai ce matin même adressé une lettre au chef de service des réclamations avec toutes pièces utiles. Advienne que pourra.

---

[1] Notaire de Château-Thierry.
[2] Henriette habite chez sa sœur Louise à Château-Thierry où aura lieu le mariage le 18 juin 1913.

Article II. Lettre de M. Leroux[3]. Lettre on ne peut plus charmante me priant de différer ma visite jusqu'au retour de Madame Leroux qui a paraît-il un programme très chargé. Voyez plutôt. Ce soir dîner à Asnières. Départ vendredi pour 1ère communion en province et retour mardi.

Je vais donc pouvoir dès ce soir rattraper un peu de sommeil que j'ai en retard. Pour excuser mon bavardage. J'écris au fil de la plume et en plein brouhaha de déménagement mais je n'ai pas le choix des moyens. Toute la maison est sans dessus dessous. J'assiste ainsi à une répétition d'un autre genre mais cette fois c'est le dernier acte avant la grande première.

Je ferme ici la parenthèse de mes petites histoires car si je m'étendais davantage dans ce style imagé vous me diriez encore que je ne suis pas sérieux et cependant je dois l'être plus que jamais surtout depuis que j'ai quitté la douce tutelle de Belle-maman[4], la charmante compagnie de sa petite sœur et la joyeuse compagnie de mon petit ami Charles. Si vous avez un petit moment à me sacrifier vous pouvez me donner de vos nouvelles qui seront reçues avec plaisir et qui me feront paraître moins longs les quelques jours où nous allons être séparés.

Allons, je termine en vous priant de présenter mes meilleures amitiés à Madame votre sœur, d'embrasser pour moi le petit Charles dans son petit et son grand cou et de recevoir pour vous chère petite Zette, les baisers les plus affectueux de votre grand John.

E. Tavernier[5]

---

[3] Le père de Marcel Leroux, futur époux de Marguerite, la fille de Charlotte Tavernier.
[4] C'est ainsi qu'Eugène appelle la sœur aînée d'Henriette, Louise Dubourg née Bridoux, 41 ans, veuve depuis 4 ans. Son fils, Charles a quatre ans. Les deux sœurs ont perdu leur père en 1898 et leur mère en 1912. Louise prend son rôle de grande sœur très au sérieux. Durant la guerre les deux sœurs partageront leur solitude.
[5] Dans les lettres Eugène signe John ou Jo.

Eugène et Roger Godineau

2

[Entête:] Maçonnerie & Travaux publics, Ancienne M^{on} V. CHEVREUIL, Louis Piquet Gendre et successeur, Bureau et Magasin : 17, rue Titon, Dépôt de plâtre et de matériaux pour le batiment, Vente au détail Paris (XIe), Téléphone : 926-22, E. Tavernier, succ^r

Paris, le 16 mai 1913

Chère Henriette,

Le retour de Maman s'est effectué dans d'excellentes conditions et à midi précis tout le monde était réuni chez M. Piquet dans son nouvel appartement[6].

Vous trouvez notre demeure bien vide à Château[7] ! Je veux bien vous croire, mais que dirais-je, moi, qui suis seul, mais absolument seul depuis deux jours à me promener dans toutes ces pièces complètement vides. Je suis même cloué au bureau, mon commis relevant sur le chantier les derniers travaux afin que tout soit en ordre avant la fin du mois.

J'ai pu m'échapper hier deux heures en laissant la garde de la maison à Maman. Aussi hier soir (car c'était hier jeudi) combien j'ai été heureux de retrouver mon vieux Roger[8] et de bavarder quelques heures avec lui. Le temps a passé bien vite et à 11 heures nous nous sommes séparés nous donnant rendez-vous pour ce soir. Il n'a même pas été question d'aller au Moulin. On est sérieux ou plutôt on le devient. Enfin cette première séparation courte et cependant trop longue avance à grands pas puisque demain soir j'aurai le plaisir de vous retrouver à Château.

Je compte prendre le train de 5h17 le Rapide avec un grand R et débarquer avec armes et bagages (pantoufles et blouse) à 6h27 (un merci en passant pour l'indicateur)

---

[6] 119 Boulevard Voltaire 75011 Paris.
[7] Château-Thierry.
[8] Roger Godineau, camarade de régiment d'Eugène pendant leur service militaire. Il sera le parrain de la fille d'Eugène, Marie-Louise.

Demandez à Belle-Maman de dresser une liste des travaux à exécuter. Les plus urgents seulement, car le dimanche il ne faut pas en faire trop.

J'ai déjà pris quelques dispositions pour la remise en état de notre futur appartement mais j'attendrai votre retour et votre visite sur place à toutes deux avant de mettre les ouvriers en route.

Vos avis me seront précieux surtout pour l'agencement en général et les modifications en particulier.

Présentez, je vous prie, mes amitiés à Belle-Maman, deux gros baisers pour Charles et vous, chère petite Zette, je vous embrasse bien fort et vous dis à demain.

Votre fiancé
John

Virginie Tavernier née Piquet

3

Lettre de Virginie Tavernier à sa future belle-fille

Almenêches le 30 mai 1913

Chère Henriette,

Ma lettre d'aujourd'hui est un peu plus rassurante que celle écrite à Eugène la semaine dernière. Marie-Louise[9] va beaucoup mieux. L'air de la campagne lui fait beaucoup de bien et j'espère que le 19 juin nous trouvera tous bien portants. Alexandre[10], lui va un jour bien un jour mal mais cependant il n'y a pas de pire il fait régulièrement les remèdes à Madame Dubourg. Madame Berthou[11] et Raymonde[12] sont arrivées hier soir et repartent lundi soir. Le papa viendra les chercher. Ce qu'elle est mignonne la petite, grande joie pour moi de posséder tout ce petit monde cela fait du mouvement à Saint Hippolyte[13] (il ne manque plus que vous tous mais cela maintenant n'est plus qu'un retard de quelques jours et nous nous trouverons tous réunis en famille depuis longtemps que je le souhaite.

J'espère que l'indisposition du petit Charles n'a pas duré, que ce n'était qu'un petit malaise car les enfants ont toujours quelque petite misère qui tourmentent les mamans et c'est bien le cas chez madame Dubourg.

Eugène m'a écrit le même jour que vous ; je lui répondrai un de ces jours, il a dû recevoir ses papiers hier.

Mon projet concernant Mme Piquet ne pourra pas je crois se réaliser car maintenant ils ne viendront peut-être pas avant la noce. Ils sont retenus je crois pour l'achat du cadeau qu'ils doivent offrir à

---

[9] Marie-Louise Deshais, fille de Célestine, la sœur aînée d'Eugène. Elle a 20 ans et mourra de la tuberculose six ans plus tard.
[10] Alexandre Deshais, le mari de Célestine Tavernier, sœur aînée d'Eugène.
[11] Alice Berthou, 30 ans, née Tavernier, sœur cadette d'Eugène
[12] Fille d'Alice Berthou, née en mars 1913.
[13] La commune de Saint-Hippolyte est rattachée à Almenêches depuis 1822.

leur filleul[14]. Cela leur donne à réfléchir et par la même occasion demande du temps.

Vous me dites qu'il fait chaud à courir les magasins je vous crois car chez nous c'est à ne pas y tenir. Vos achats avancent il s'en fait temps. Je ne vous demande aucun détail car à l'avance je sais que vous serez belle et je me réjouis, dans 20 jours nous serons tous réunis et j'aurai une fille de plus et vous vous retrouverez une mère qui vous aimera et remplacera dans la mesure du possible celle que vous avez tant pleurée et regrettée[15].

Ne m'oubliez pas auprès de Mme Dubourg et embrassez bien pour moi votre petit Charles ainsi que notre grand Eugène.

Votre future maman qui vous aime tous deux et vous aimera
V. Tavernier

J'oubliais à vous souhaiter le bonjour de la part de papa Tavernier[16]

---

[14] Eugène.
[15] Marie-Louise Bridoux, née Dubourg, mère d'Henriette, décédée le 4 décembre 1912 à l'âge de 65 ans.
[16] Toussaint Tavernier, 71 ans, époux de Virginie, boucher.

4

[Entête:] Maçonnerie & Travaux publics, Ancienne M^{on} V. CHEVREUIL, Louis Piquet Gendre et successeur, Bureau et Magasin : 17, rue Titon, Dépôt de plâtre et de matériaux pour le batiment, Vente au détail Paris (XIe), Téléphone : 926-22, E. Tavernier, succ^r

Paris, le 9 juin 1913

Chère Henriette,

Deux instants de liberté. Je vous les consacre. Grande enfant gâtée. Plus que vous ne le méritez.

Ce matin démarches pour le sac. Je vous raconterai cela… Palais de justice, Eglise, bref les papiers sont en règle[17]. J'ai bien reçu mes photos. Vous verrez ma tête jeudi. Je vais dîner chez M. Piquet demain soir mardi. J'ai reçu une lettre de maman. Répondre de suite en lui disant de venir mardi soir. M. Piquet viendra également mardi soir.

Voulez-vous demander à Belle Maman de passer chez Me Martner lui demander qu'il vous confie pour jeudi (vous me l'apporterez en venant) la copie du projet de notre contrat que je soumettrai à mon notaire à Paris et que je vous remporterai samedi en allant à Château.

Mon retour s'est effectué dans de bonnes conditions. Ce soir diner 1 rue Mathis[18]. —Excusez mon style télégraphique.

Mes meilleures amitiés à Belle maman. Un gros baiser à mon vieux Charles et pour vous une foultitude d'autres baisers. Vous savez d'ailleurs que la mine est inépuisable. Allons à jeudi

Votre grand Eugène

---

[17] Derniers préparatifs avant le mariage prévu le 18 juin.
[18] Rue du 11ème arrondissement de Paris, non loin de la rue Titon. C'est là que sont installés Charlotte, la deuxième sœur d'Henriette et son mari Georges Alnet

5

Lettre de Louise à Eugène et Henriette

Château mercredi [11 juin 1913]

Mes chers enfants,

Je remettrai demain matin à la poste les lettres de faire-part elles sont mieux à mon avis que les autres. J'espère avoir demain un mot me disant si vous voulez aller à Fère[19] dimanche nous tirerons nos plans ensuite pour La Loupe[20].

Charles a eu un moment d'ennui ce soir au dîner et a demandé Tatate aussi il a été très content d'écrire c'est lui qui m'a dicté. Nos journées passent et me semblent longues et courtes en même temps. J'ai déjà commencé mes courses en vue de mon départ prochain et je commence à rassembler les notes et à payer le plus possible. Hier je suis allée voir Mme Delozanne chez Mélanie. Aujourd'hui Mme Chaloin est venue longtemps je suis allée chez la jeune Mme Georges où se trouvait également Mme Deshesgue. La conversation roule surtout sur vous deux et Mademoiselle Henriette en particulier.

J'ai été également voir Mme Petit Frère la pauvre femme vient d'être bien malade et elle est beaucoup changée elle a eu une pleurésie on lui a fait une ponction elle commence seulement à se lever et cela semble drôle de la voir malade elle qu'on est habitué à voir au chevet des autres.

---

[19] Fère-en-Tardenois, à 25 km de Château-Thierry. C'est la ville de la belle-famille de Louise.
[20] La Loupe est une petite commune d'Eure et Loire. C'est là qu'habite Henri Dubourg, l'oncle maternel d'Henriette. Il est pharmacien, traducteur d'Horace, père d'une famille nombreuse. Sa maison a toujours été accueillante à ses nièces.

Demain j'ai l'intention d'aller à Dormans[21]. Quand irez-vous à Acy[22] maintenant. Je me demande si Coiffier est venu chercher le piano et la blanchisseuse est-elle aussi venue.

Nous avons parlé de vous en dînant. Il y a huit jours nous étions déjà en aimable société. Le premier oui avait déjà été prononcé[23]. Le ménage est fait partout la lingerie et la chambre rose attendent leurs hôtes respectifs à moins que la chambre Empire ne vous séduise davantage je pense qu'elle devra avoir vos préférences.

Allons à bientôt tâchez de me rester lundi ; c'est si court une journée. Je vous embrasse bien fort tous les deux. Charles, Leon [?] et Nenette vous embrassent également.

Votre petite maman, Louise

Suite, de la main du petit Charles

Tatate Henriette je t'aime bien je m'ennuie de toi alors je voudrais que tu reviennes on a cueilli des belles fleurs quand on a été dans les champs.
Tonton John, je t'aime bien, pas pour les amours
On est dans le bureau
Je t'embrasse encore une fois quand tu reviendras (là c'est M. Tavernier)
Je t'embrasse Tatate (là c'est Tatate)
Charles Dubourg

---

[21] Les liens de la famille Dubourg avec Dormans sont attestés depuis au moins 1843, année du mariage de Charles Maurice Dubourg avec Fanny Séné dans cette même ville.
[22] Acy-en-Mulcien, ville natale de Louise Bridoux, le 5 avril 1872.
[23] Le mariage civil a eu lieu le mercredi 18 juin 1913.

Louise Dubourg et son fils Charles

Henri Dubourg, sa sœur Marie-Louise et ses filles, Louise, Charlotte et Henriette

Henriette en compagnie de ses cousines, de sa mère, de l'oncle Henri et de sa femme

Mariage d'Henriette et d'Eugène le 18 juin 1913

La photo de mariage dans le jardin de la rue Racine

6

[Entête:] *Maçonnerie & Travaux publics, Ancienne M^{on} V. CHEVREUIL, Louis Piquet Gendre et successeur, Bureau et Magasin : 17, rue Titon, Dépôt de plâtre et de matériaux pour le batiment, Vente au détail Paris (XIe), Téléphone : 926-22, E. Tavernier, succ^r*

Paris, le 18 août 1913

Ma chère petite femme[24],

Avant de te mettre au courant des petits incidents qui m'ont accueilli à mon arrivée rue Titon, je veux d'abord te dire que nous avons fait un excellent voyage. Quand je dis excellent, *jézajère*. Bon suffit car nous étions plutôt tassés. Enfin après 3h ¾ de roulis et de tango nous sommes débarqués à la gare du Nord où après nous être désaltérés au Terminus, nous nous sommes séparés et avons pris chacun le chemin de notre home. Georges[25] avec sa moitié et moi triste et solitaire.

Tout s'est très bien passé jusqu'au haut de l'escalier de la rue Titon, mais là j'ai dû faire une pause sur le palier et si je n'avais pris une détermination énergique je crois que j'y serais encore.

J'ai eu la malheureuse idée en partant de fermer la salle à manger à clef. La fermer n'était rien mais l'ouvrir il n'y fallait plus songer. Éclairé de mon briquet qui n'a pas tardé à rendre l'âme j'ai vainement cherché une bougie pour y suppléer. Enfin après un quart d'heure d'efforts d'ailleurs inutiles (si cependant puisque j'ai réussi…..à pousser une bonne suée— je me suis dirigé à tâtons dans la chambre n° 2. J'ai trouvé sur le lit qui la meuble 2 morceaux de toile assez gros que j'ai deviné être des draps. Je les ai étendus comme on fait pour faire un lit et toujours dans l'obscurité je me suis glissé entre les dits morceaux de toile.

---

[24] Eugène et Henriette sont mariés depuis le 18 juin.
[25] Georges Alnet, 43 ans.

A mon réveil j'ai examiné les lieux. Il régnait un peu de désordre dans cette pièce. Les tréteaux à repasser s'étaient évanouis, de peur peut-être, et ce matin un coup de téléphone au serrurier qui plus habile mais aussi mieux outillé m'a permis de rentrer.

Vois comme le hasard fait bien les choses. Je rentre en garçon et mon lit de garçon me donne l'hospitalité. Peut-être ne vais-je pas l'abandonner. J'ai droit à toute sa reconnaissance.

Et toi, mon vieux, tu as été plus tranquille que ça hein.

Enfin ce soir pareille aventure ne m'arrivera pas, j'espère et j'aurai l'avantage d'être réveillé en musique par l'ami Godi[26]

Allons les deux frangines épanchez-vous dans le sein l'une de l'autre et profitez des quelques courts moments où vous allez être ensemble.

<u>Tu voudras bien m'écrire ne serait-ce que pour m'annoncer les jour et heure de ton arrivée.</u>

Je termine mon bavardage car je voudrais que ma lettre parte ce soir et il est 7 heures bientôt. Je ferme et je cours à la grrrrrrrande poste.

Embrasse toute la famille pour moi du plus petit à la plus grande. Distribue à ton gré mais garde pour toi quelques baisers et des meilleurs.

Ton grand
John.

---

[26] Roger Godineau.

7

[Entête:] Maçonnerie & Travaux publics, Ancienne M^on V. CHEVREUIL, Louis Piquet Gendre et successeur, Bureau et Magasin : 17, rue Titon, Dépôt de plâtre et de matériaux pour le batiment, Vente au détail Paris (XIe), Téléphone : 926-22, E. Tavernier, succ^r

Paris, le 20 août 1913

Ma vieille moitié,

Je vois avec plaisir que tu emploies bien ton temps. Les jours doivent filer bien vite et quand tu recevras cette lettre tu penseras déjà à faire la malle et à prendre le train du soir.

J'ai reçu une lettre de maman me demandant de lui emporter des fruits samedi. Pense donc que nous serons 44. Une vraie noce. Voyez défilé (sic) dans Almenêches qui va être en révolution.

Tu me demandes des nouvelles de la blanchisseuse. Je ne l'ai pas vue. Est-elle venue pendant mon absence. Je ne crois pas car elle l'aurait dit au concierge. Quant à la femme de ménage je vais la faire venir une heure le matin faire ma « carrée ».

Hier soir j'ai dîné avec Godasse[27]. Tête à tête intime et je te prie de croire que la conversation n'a pas langui. Nous étions rajeunis de quelques mois. Ce soir je dine avec mon neveu Maurice[28] retour du « pays ». Et demain avec Godi[29] après quoi nous prendrons la direction de la gare du nord sans doute pour le train de 11h1/2. Je ne t'en mets pas davantage ne voulant pas te faire perdre trop de temps à lire ma prose décousue. Je me rattraperai demain soir. Embrasse bien Louise pour moi ainsi que tous les enfants.

Je t'envoie un gros baiser

A demain ma petite femme

Ton grand John

---

[27] Roger Godineau.
[28] Morice Deshais, fils aîné de Célestine Tavernier, la sœur aînée d'Eugène. Il a 23 ans.
[29] Roger Godineau.

8

Versailles mercredi [12 août 1914]
4 heures[30]

Me voici donc arrivé à Versailles[31] et presque enrégimenté. Le bureau de ma Cie où je me suis présenté m'a fait savoir ainsi qu'aux sapeurs[32] dans mon cas, que c'était gentil à nous d'être venus mais que pour aujourd'hui il n'y avait pas urgence et que pour lorsssss [sic] nous pouvions disposer de notre après-midi et ce jusqu'à neuf heures. A cette heure-là rendez-vous dans l'escalier et on nous dira alors si l'on peut nous héberger pour la nuit. Dans le cas contraire chacun sera prié de trouver un gîte.

Tranquillise-toi mes précautions sont prises et je ne coucherai point à la belle étoile. Je suis pour le moment confortablement installé chez Bastide qui a mis une pièce à ma disposition pour me servir de bureau. Il fait toujours aussi chaud et il serait à souhaiter que cela se calme un peu.

Je suis descendu hier à Meaux croyant apercevoir la silhouette de Louise, mais rien. J'en ai été pour mes frais. Ce matin à six heures pendant que je faisais mon café j'ai reçu la visite de monsieur Leprieur père. Comme convenu j'ai laissé les clefs au charretier[33]. J'ai renfermé dans le coffre-fort l'argenterie que j'ai aperçue de-ci de-là. J'ai payé en passant mes deux chemises et ma ceinture de flanelle. Quant au reste, les factures ou lettres qui pourront t'être adressées

---

[30] La mobilisation générale s'est déroulée en 17 jours, du 2 au 18 août. Le 2 était un dimanche. La lettre date donc des mercredis 5 ou12 août. Plus probablement le 12, car Eugène, âgé alors de 34 ans, était réserviste. Ceux-ci devaient rejoindre leur dépôt plus tardivement que les hommes d'active.
[31] Eugène est incorporé au 1er régiment du Génie, en garnison à Versailles. À la déclaration de guerre, il est dissout, et forme un dépôt de guerre.
[32] Eugène avait fait son service militaire dans les sapeurs. Pendant le conflit il est sapeur-mineur.
[33] L'entreprise disposait d'une jument qu'on attelait à une charrette pour les transports. Pendant la guerre, Henriette sera amenée à la louer.

(j'ai dit au charretier de t'adresser toute la correspondance[34]) ne t'inquiète pas, quand je rentrerai je mettrai ordre à tout cela.

Je ne sais quand tu recevras cette lettre mais sois tranquille je ferai mon possible pour te mettre un mot chaque fois que cela sera possible. Embrasse Louise pour moi <u>quand même</u>

Mille baisers pour toi et pour notre petit Marcel[35]

Ton petit homme

Eugène

Pour l'instant voici mon adresse

4ème bataillon, 26ème compagnie, 1er régiment du Génie, Versailles, Caserne des petites écuries.

---

[34] Henriette a donc rejoint sa sœur Louise à Château-Thierry. Elle y fera de nombreux séjours durant toute la guerre.
[35] Le fils d'Eugène et d'Henriette, né le 4 mai 1914

9

Versailles vendredi [14 août 1914]

Ma petite femme,

Si Château Thierry n'était pas si loin de Versailles tu aurais pu venir me dire un petit bonjour cela m'aurait désennuyé. Nous n'avons absolument rien à faire, nous ne sommes pas habillés et ne le serons peut-être jamais. C'est d'une monotonie et il y a de quoi mourir d'ennui. Que les journées sont longues chaque jour il en arrive de nouveaux et je retrouve des copains oubliés depuis longtemps. Le lit n'est pas trop confortable. Nous sommes couchés dans un manège sur une paillasse avec une couverture. Nous sommes là-dedans 150 environ. Et dire que nous sommes les plus favorisés. Nous avons de l'air à profusion alors que dans les chambrées ordinaires pas d'air mais quelle odeur !!!!

J'ai écrit à mon charretier et lui ai fait une liste de vêtements à m'apporter car on salit vite son linge dans un pareil manège.

Ne te fais donc pas de bile à mon sujet. Seule la séparation est dure mais que veux-tu ce n'est pas à comparer comme situation aux malchanceux qui sont là-bas[36].

Quelle chaleur et cette nuit quel orage. Notre chambre a le comble tout vitré, c'était réellement un beau spectacle comme illumination. On a tous été réveillés en sursaut et croyions être à la frontière. Canon et feu des mitrailleuses.

Allons mon petit loup je te quitte en t'embrassant bien bien fort ainsi que notre cher petit Marcel. Un baiser à Louise.

Ton Jo

Dis-moi si mes lettres sont longues à te parvenir. Je t'enverrai alors un télégramme tous les 2 ou 3 jours. Je te préviens pour que tu ne t'effraies pas

---

[36] Les hommes d'active qui sont déjà au front.

10

Versailles le 20 août 1914

Ma chère petite femme

Je reçois à l'instant ton télégramme qui a mis moins de temps à me parvenir que la 1ère de tes lettres que j'attends toujours !! Il est vrai que si tu n'as reçu la mienne (la première) que mardi j'ai encore le temps d'attendre. Celle-ci est la troisième que je t'adresse. Enfin je suis rassuré sur ton sort télégraphiquement mais j'espère avoir force détails dans la lettre qui va m'arriver d'ici quelques jours.

La vie ici est toujours aussi monotone. J'en suis obligé à demander à prendre la garde pour avoir de l'occupation tout au moins 2 jours de suite. Nous ne savons rien encore à quoi nous sommes destinés mais je pense rester encore un temps relativement assez long ici. Puis si nous quittons Versailles peut-être irons nous occuper un fort aux environs de Paris. Quel dommage que Château-Thierry ne soit pas fortifié. Si j'avais pensé rester ici nous aurions pu nous arranger autrement mais il est trop tard !!! Maintenant il y aurait peut-être une combinaison à envisager pour pouvoir nous trouver ensemble ne fût-ce que quelques heures.

Voici ce à quoi j'ai pensé à tout hasard. Au reçu de cette lettre (Dieu seul sait ou ne sait pas quand tu la recevras) tu réfléchiras à la combinaison suivante. Ne pourrais tu venir à Paris passer un ou deux jours. En ce cas voici ce qui pourrait se passer si rien n'est changé dans ma situation. Tu m'enverrais à Versailles un télégramme me prévenant de ton arrivée et comme il ne faut pas dire ce que l'on veut dire à cause de la censure au départ et à l'arrivée tu me mettrais ceci : Adresse lettres chez Charlotte à partir du….. (ici la date à laquelle tu seras à Paris). Le lendemain ou le surlendemain de la réception du dit télégramme j'irais te voir une après-midi et au besoin au préalable je te téléphonerais car le téléphone refonctionne de Versailles à Paris.

La vie est un peu plus calme dans la ville. Il y a encore beaucoup de soldats certes mais ce n'est plus rien à côté de ce que c'était depuis 8 jours. Je me suis fait apporter du linge comme mouchoirs au lieu de prendre les miens j'en ai quelques-uns des tiens. 4 gouttes de sueur et c'est fini. À un autre.

Toujours sans nouvelles de Godi. J'ai reçu une lettre de maman. Tu ne lui as pas encore écrit paraît-il. Ce n'est pas gentil. J'ai reçu une lettre de Charlotte qui me dit ne pas avoir de vos nouvelles non plus. En somme si cela continue je deviendrai neurasthénique et peu courageux surtout si cela doit durer longtemps. Peut-être qu'auprès de toi je me retremperai mais que ce jour-là vienne vite.

Que devenez-vous. Avez-vous déjà besoin de puiser dans vos réserves de siège ? Et notre petit Marcel il va marcher tout seul quand je vais le revoir dans quelques jours car il me semble qu'il y a six mois que je suis parti.

Allons mon petit loup je termine pour que ma lettre arrive plus vite et je souhaite et espère malgré le dérangement que cela va t'occasionner t'embrasser la semaine prochaine. Mes meilleures amitiés à Louise et à Charles. Un bon baiser à notre cher petit Marcel.

Et pour toi un million
Ton Jo qui pense à toi

11

Versailles 25 [août 1914]

Mon pauvre vieux,

J'ai vu hier ce vieux Gaudi[37] retour de convalescence. Je lui ai dit d'aller déjeuner avec toi ce matin. Y est-il allé ? Quant à moi je devais comme tu le sais aller passer une heure ou deux avec toi mais n'ai pu sortir avant 5 heures. Trop tard donc pour aller t'embrasser. Ne m'attends pas demain car j'ai reçu un télégramme du fils Pacton qui, en permission de quatre jours, vient demain à 5 heures dîner avec moi et Machat[38]. S'il n'y a pas marche vendredi j'irai dîner avec

---

[37] Roger Gaudineau.
[38] Camarade de régiment.

toi. A part cela je n'ai de nouvelles de personne. Toujours rien non plus en vue pour un départ.
    Embrasse bien pour moi notre petit loup
Bons baisers pour toi de ton grand Jo

12

Carte postale : Correspondance des armées
Cachet : Gare de Fontainebleau 3 septembre 1914
Destinataire : Madame Tavernier 17 rue Titon Paris XI

Ma chère petite femme,
De passage à Fontainebleau je t'envoie un bon baiser
Eugène

13

Carte postale : Lyon : Tour métallique de fourvière et la Croix Rousse
Cachet : Lyon Gare 5 septembre 1914
Destinataire : Madame Tavernier 17 rue Titon Paris XI

Bonjour de Lyon
Eugène

14

Carte postale : Montpellier: square de la place de Palavas
Cachet : 6 septembre 1914
Destinataire : Madame Tavernier chez M. Dubourg Pharmacien La Loupe Eure & Loire

5 septembre 1914

Chère Henriette,
Arrivé ce matin. Voyage un peu dur par cette chaleur. Bons baisers
Eugène

15

Carte postale : Palavas les flots : le canal un jour de fête
Cachet : 7 septembre 1914
Destinataire : Monsieur et Madame Dubourg La Loupe Eure & Loire

Un bonjour à tous
Eugène

16

Carte postale : Palavas les flots : la baignade militaire
Cachet :7 septembre 1914
Destinataire : Madame Tavernier chez M. Dubourg Pharmacien à La Loupe Eure & Loire

Un baiser de Palavas
Eugène

17

[Entête:] Grand Café de France & du Musée, Glaces et sorbets, J. Bresson & Cie propriétaires.

Montpellier le 14 septembre 1914

Ma Chère Petite Femme
Combien je suis heureux d'avoir enfin reçu de tes nouvelles. Ton télégramme et ta carte me sont parvenus en même temps. J'étais très inquiet sur ton sort et je me demandais où tu avais dirigé tes pas puis aussi comment tu avais pu t'échapper avec notre cher petit Marcel[39]. Ce qu'a pu être ton voyage je me le figure et c'est justement ce qui m'inquiétait.

J'ai écrit à peu près dans toutes les directions Almenêches, Argentan, à Paris, au Perreux, j'ai même envoyé une carte à la Loupe demandant à tous si tu étais parmi eux. De réponse je n'en ai reçu de personne. Aussi quelle joie quand j'ai lu ta carte.

De mon voyage je n'en dirai rien. Il a été ce que peuvent être tous les voyages accomplis dans de pareilles conditions. Deux jours et deux nuits de chemin de fer dans des wagons à bestiaux, 32 hommes pêle-mêle là-dedans et quelle chaleur. A côté de cela, un accueil inoubliable dans toutes les stations où nous nous sommes arrêtés.

Ici c'est la bonne vie. Une cure de soleil et une petite saison à Palavas les Flots où nous nous rendons le dimanche. Malheureusement il y a toujours des départs nombreux.

Ce matin encore 130 sont partis à Nevers pour être dirigés au camp de St Maur (Joinville). Ce départ m'a beaucoup attristé et j'ai été sur le point de partir. Mes meilleurs amis sont partis et voulaient m'emmener. J'ai hésité longuement mais la petite famille a eu le dessus et je suis encore resté.

Nous ne sommes plus que 17 aptes à faire campagne à la compagnie. Les événements ont l'air de prendre une excellente tournure

---

[39] Le 28 août 500000 civils quittent Paris devant l'avance allemande. Henriette et sa sœur Louise se réfugient à La Loupe. Le 2 septembre les allemands sont à 50 kilomètres de Paris.

et souhaitons que cela continuera. Si cela va bien on retourne à Versailles. Dans le cas contraire on restera peut-être ici ou nous partirons dans une ville quelconque. De toute façon je te tiendrai au courant.

J'ai failli rencontrer Charles dans une station dont je ne me rappelle plus le nom. J'aperçois en gare un train sanitaire. Je me renseigne et on m'apprend que son train était resté à Macon je crois pour être dirigé sur Tours. Celui qui était là était le n°5 et il était dans le n° 4 ou inversement.

J'ai pris une carte à son adresse et quelle adresse il y en avait une page. As-tu reçu mes cartes ? Et Louise ? Par quelles transes a-t-elle dû passer ? Enfin si vous êtes réunies à la Loupe vous pouvez vous remonter le moral ? Quant à moi si je me suis fait quelques jours de bile je vais tâcher de me rattraper.

J'ai reçu des nouvelles du Mans. Cela va mieux. De (?), de Godineau qui va également bien et vous envoie ses amitiés.

Embrasse bien toute la famille petits et grands (cela te fera passer au moins un bon quart d'heure). Mille baisers pour toi et notre petit Marcel.

Ton petit mari qui t'aime bien
Encore un gros baiser
John

Je commence à avoir l'assent, bagasse ![40]
J'oubliais les moustiques. Quel ravage !

---

[40] *l'assent* : prononciation du Midi pour « l'accent ». *Bagasse* : femme de mauvaise vie, juron familier dans le Midi.

Carte postale : Montpellier : le nouveau jardin et les casernes du Génie.
Cachet : 20 septembre 1914
Destinataire : Madame Tavernier chez M. Dubourg, Pharmacien La Loupe Eure & Loire

17 septembre 1914
Troupes mobilisées Campagne 1914
Tavernier s/m 4/26 1 Génie

Chère Zette,

Toujours ici en excellente santé. J'espère que tu es remise de tes émotions. Embrasse toute la famille pour moi.

Ton mari
John

19
Lundi 21 septembre 1914

Ma chère Petite Femme,

Partis de Montpellier depuis vendredi matin nous sommes en train de faire notre tour de France. Où allons-nous, nous n'en savons rien. Ce que je puis te dire c'est que nous roulons sans cesse nuit et jour. Je suis passé à Paray le Monial samedi. Je comptais y rencontrer Mlle Puech comme distributrice de scapulaires[41] mais j'ai été déçu. Nous en sommes pavoisés ainsi que de médailles, cela nous portera bonheur, paraît-il. J'ai cru apercevoir Jo Charles à Vierzon. Je l'ai appelé mais le train filait filait.

Je ne sais quand j'aurai de tes nouvelles car si les lettres suivent notre parcours ce sera plutôt long. Ne t'inquiète pas trop de mon sort. D'ailleurs je t'écrirai aussi souvent que je le pourrai. Tu adresseras désormais la correspondance à la 22/2 Corps colonial avec cette mention (sapeur mineur/(1er Génie) sans désignation de ville.

J'ai reçu des nouvelles de Maman qui me demandait où tu étais. Du Mans. D'Argentan etc. Tout le monde se porte bien. Je relis ta dernière lettre où tu me parles d'un bombardement de Château-Thierry. C'est sans doute en songe que Louise a vu cela !! Heureusement ils ont évité cette bonne ville[42] et nous pourrons nous y retrouver je l'espère dans quelques mois. Pour ce qui est du charretier tu as bien fait de lui donner 50 F. Pour Toc[43] deux livres de pain

---

[41] Le scapulaire « de dévotion » » est constitué de deux morceaux de tissu brodés à l'effigie de la Vierge, reliés par un cordon que le dévot porte sous ses vêtements et qui est censé le protéger. Son origine remonte à une promesse de la Vierge faite à un carme au XIIIème siècle:
« Celui qui mourra revêtu de cet habit sera sauvé, il ne souffrira jamais des feux éternels.
C'est un signe de salut, une sauvegarde dans les dangers, un gage de paix et d'éternelle alliance. »
[42] La bataille de la Marne vient de se dérouler du 5 au 12 septembre 1914 et s'est soldée par une victoire française. Les Allemands qui marchaient sur Paris battent en retraite. Château-Thierry était au centre de la zone des combats.
[43] Un chien ?

c'est en effet exagéré. Ecris donc au charretier de le faire abattre et enlever par la Préfecture car il reviendrait cher la livre.

Allons ma chérie je te quitte car je te griffonne cela entre deux trains. <u>Nous repartons toujours pour l'inconnu</u> et quand bien même je saurais l'endroit je ne pourrais te le dire sans m'exposer à voir ma lettre supprimée[44]. Embrasse bien notre cher petit Marcel puis toute la famille, petits et grands.

A toi mes meilleurs baisers. Ton mari qui t'aime bien et pense bien à toi.

John

Exemple de scapulaire

20

24 septembre 1914

Ma chère Petite Zette,

Je t'écris au crayon car de l'endroit où nous sommes campés le ravitaillement en encre est plutôt difficile. Comme pupitre, mon sac et comme table, une litière de paille. Nous sommes ici depuis 2 jours

---

[44] Première allusion à la censure. Mais dans les lettres ultérieures Eugène indique souvent où il se trouve.

après avoir traversé villes et villages dont quelques-uns sont anéantis. Le premier que nous avons vu alors qu'il était minuit nous a laissé une impression horrible. Nous vivons assez loin du bruit du canon mais assez près pour entendre les duels d'artillerie et la nuit quelques escarmouches au son du fusil.

Si je te parle ainsi du milieu où je me trouve je ne voudrais pas pour cela que tu te figures que la bataille est engagée où je me trouve. Nous sommes en seconde ligne et notre travail consiste à aller la nuit, quand besoin est, faire des tranchées pour l'infanterie. On part le soir et retour au petit jour quelque peu fatigués mais sans trop de danger.

Nous assistons aussi le soir à un joli spectacle[45]. La chasse aux aéros[46]. Quand un des nôtres — et ils sont nombreux — passe à une faible altitude au-dessus des lignes ennemies on distingue fort bien les bombes qui éclatent tout autour de lui ce qui ne l'émeut pas ; on croirait même qu'il se fasse un jeu de tourner autour.

Une des choses les plus ennuyeuses est la presque privation de tabac et aussi de papier à cigarette. Quant à la boisson. De l'eau à discrétion. Le plus terrible encore cela va être le manque de nouvelles peut-être, car pour nous trouver !

Ecris-moi donc souvent quoique je sois rassuré par ta présence au milieu de parents[47] qui vous gâtent toutes les deux. Parle-moi aussi de notre petit Marcel qui a dû aussi être éprouvé par ces déplacements successifs.

Embrasse bien tout le monde pour moi et dis leur bien que je leur rendrai visite à mon retour (ce sera la visite de notre mariage mais je la ferai, celle-là, avec plaisir)

---

[45] « Ah Dieu ! Que la guerre est jolie » écrivait son contemporain Apollinaire dans un vers resté célèbre et souvent mal compris. Humour et ironie sont pour les combattants une façon de se prémunir de l'horreur et d'en préserver leurs proches.
[46] Désignation des avions par les contemporains, civils et combattants (abréviation d'aéroplane).
[47] Henriette et sa sœur Louise sont toujours à la Loupe, chez leur oncle maternel, Henri Dubourg, âgé de 55 ans.

Mille baisers à Marcel Pour toi mes meilleures caresses. A bientôt espérons-le. Encore un baiser mon petit Loup.

Ton petit mari John

21

27 septembre 1914

Ma Chère Petite Femme,

Je ne sais si tu reçois mes lettres mais je continue de t'écrire, cela me fait passer un moment en tête à tête avec toi. Rien de bien nouveau. La santé est bonne. Les jours se suivent ou plutôt les nuits car nous ne travaillons que la nuit, quelques heures de sommeil souvent interrompu dans le jour sur la première botte de paille venue. Nous changeons de quartier presque chaque jour. C'est la vraie vie nomade.

Cela a l'air de prendre bonne tournure. De journaux on n'en voit pas et cela se comprend. Nous ne savons quelque chose que par les copains (marsouins[48] ou lignards[49] qui viennent de livrer bataille. Hier chaude journée. Mille prisonniers rien que dans notre coin.

Il est vrai que cela avait commencé de bonne heure. A quatre heures du matin comme on revenait de faire des tranchées canon-mitraille-balles faisaient rage. C'était mon vrai baptême du feu. C'est un spectacle impressionnant d'entendre siffler les obus et les boulets au-dessus de votre tête. Nous nous trouvions entre les 2 feux d'artillerie et on reconnaissait au passage d'après leur sifflement les pièces qui envoyaient ces pruneaux. Quelques-uns des boches ont éclaté au-dessus de nos têtes et ont laissé tomber quelques grainailles [sic] que nous avons reçues avec des quolibets.

Nous avons vu des blessés allemands fort éprouvés par notre 75[50]. Aujourd'hui c'est aussi calme que c'était bruyant hier. Que nous réserve demain ?

Et toi ? Et vous ? Prenez votre mal en patience et songez que nous nous retrouverons bientôt. Quelques jours de repos suffiront

---

[48] Troupes de l'infanterie coloniale ou infanterie de marine.
[49] Troupes d'infanterie de ligne.
[50] Le canon de 75 est un canon célèbre de l'armée française, apprécié notamment pour son tir rapide et sa mobilité. Utilisé dans les régiments d'artillerie de campagne, il est moins à l'aise dans la guerre de position où l'on a besoin d'artillerie lourde pour atteindre les troupes retranchées.

à nous remettre de nos émotions et nous n'aurons plus qu'à travailler pour rattraper le temps perdu.

Allons, je te quitte ma petite femme chérie car nous repartons dans une ½ heure direction toujours inconnue.

Mes meilleures amitiés à toute la famille. Mes meilleurs baisers pour toi et notre petit Marcel. Ton petit mari qui t'aime bien
  John

Début septembre 1914, les Allemands descendent vers le sud de chaque côté de la forêt d'Argonne tandis que les Français, affaiblis par un mois de guerre, font retraite dans des conditions difficiles.
Le front hors de la forêt se stabilise sur une ligne Vienne-le-Château, Boureuilles, Vauquois. Le 24 septembre, les Allemands entrent dans la forêt d'Argonne mais s'y heurtent très vite aux Français, déjà bien installés notamment dans le bois de la Gruerie.
Commence alors le difficile apprentissage de la guerre de positions où le creusement de tranchées dans une zone boisée est pénible. L'ennemi fortement pourvu de mortiers de tranchée, d'artillerie lourde, de grenades à main et de voies de 60 pour alimenter ses troupes, cause beaucoup de pertes. Les relèves se révèlent extrêmement périlleuses
Les mauvaises conditions d'hygiène et le ravitaillement aléatoires sont la cause de nombreuses maladies.
Quand elles ne sont pas en ligne, les unités cantonnent à La Harazée, La Placardelle ou directement sous bois.
Progressivement un réseau de tranchées et boyaux se construit. D'abord capable de protéger les soldats en position à genou, les tranchées évoluent et offrent une protection relative pour une position debout.
Aux attaques succèdent les contre-attaques, très soudaines et très violentes, sur une petite portion du front, toujours plus meurtrières, pour gagner quelques mètres de terrain ou un bout de tranchée.

D'après Wikipédia

22

1er octobre 1914

Ma chère petite Femme,

Rien de bien nouveau si ce n'est que je suis toujours bien portant. Le nouveau régime que je suis depuis 15 jours m'est, je crois, plutôt favorable. En temps ordinaire avec le vin que nous prenons je serais malade depuis longtemps alors qu'au contraire mon fameux rhume, désespoir de tous, est, je crois, resté pour compte dans une tranchée. Il a dû être gelé une des nuits dernières car il commence à ne pas faire chaud et ta bouillotte ne serait pas de trop dans la paille où nous sommeillons quand il nous arrive de nous coucher la nuit.

Nous vivons toujours au milieu du concert européen et les gros cuivres dominent le chant des fusils. Toujours le même travail que je t'indiquais dans ma précédente lettre et à quelques kilomètres près la même région. Quand serons-nous enfin à la frontière après avoir refoulé cette horde de boches.

Et toi ? Et vous ? Toujours sans nouvelles, c'est ce qui me fait le plus de peine. Reçois-tu au moins les miennes ? Ce serait mon plus grand désir pour calmer tes inquiétudes. Je t'écris le plus souvent possible afin que sur la quantité tu en reçoives au moins une.

Fais des économies pour m'acheter une belle pipe en écume à mon retour car je m'en suis confectionné une en merisier. Nécessité fait loi. Plus de papier à cigarette. J'en suis donc réduit à fumer la pipe. Et quelle pipe. Ce sera un souvenir de la campagne avec tant d'autres.

Allons, mon petit Loup, promets-moi de ne pas trop te faire de bile, tu me ferais de la peine. Sois forte et courageuse la vie n'en sera que plus belle à mon retour après ces rudes épreuves. Embrasse

toute la famille pour moi. Mille baisers à notre cher fils Marcel qui, je l'espère, est toujours aussi gentil.
Mille autres pour toi
Ton grand qui t'aime bien et pense beaucoup beaucoup à toi.
John

Sapeur mineur 22ème Colonial Cie 22/2

23

9 octobre 1914

Ma chère petite Femme,
Je t'ai envoyé à La Loupe un mandat lettre de 200 fr car je n'ai pas besoin de conserver cet argent sur moi, ne pouvant dépenser un centime parce que rien à acheter tout étant abandonné et pillé là où nous passons. Je te l'ai adressé à ton nom mais sans mentionner « chez M. Dubourg ». Il pourrait donc se faire qu'au bureau de poste on ne te connaisse pas. Passes-y donc pour le toucher.
La correspondance arrive maintenant par paquets, mais sans suite de dates. C'est ainsi qu'hier j'ai reçu quatre lettres et un télégramme de toi et de Louise du 25 septembre et ce matin trois lettres de toi du 14, 15 et 16 septembre. Ce sont des détails rétrospectifs mais qui font quand même bien plaisir. Quand vais-je en recevoir avec ma nouvelle adresse ? 22/2. C'est mon plus grand désir car tu ne me parais guère raisonnable à te tourmenter ainsi.
Aie confiance et persuade-toi enfin que de toutes les armées le Génie est la moins éprouvée de par sa situation spéciale.
Peut-être comme tu le fais pressentir dans tes lettres es-tu à Paris ou en Normandie. Comme Maman, je voudrais te voir auprès d'elle, mais comme toi je redoute la coqueluche qui a tant abattu cette pauvre petite Raymonde[51].

---

[51] Raymonde, 18 mois.

Quant à Château il n'est pas encore l'heure d'y aller séjourner. Certes il n'y a plus de danger mais le ravitaillement et les moyens de transports doivent être difficiles.

J'ai écrit à Georges[52]. Reçu une lettre de M. Leroux. Marcel[53] blessé légèrement d'un éclat d'obus à la cuisse en traitement aux Sables d'Olonne doit aller passer quelques jours de convalescence auprès de Mme Leroux.

De Godineau pas de nouvelles. Il est vrai que nous devons être loin l'un de l'autre. Espérons donc que comme moi il va bien.

Toutes les lettres de La Loupe accusent une excellente santé de notre cher petit Marcel qui rit toujours aux éclats. Pleurera-t-il encore quand il reverra son Papa ? Je voudrais déjà être de retour pour le voir et embrasser sa petite Maman qui va me promettre d'être bien raisonnable. Amitiés à tous. Mille baisers pour toi et Marcel.

Ton petit mari qui pense sans cesse à toi.
John

Sapeur mineur
22ème corps colonial Cie 22/2

Si tu es rentrée à Paris où quand tu y rentreras expédie-moi donc mon passe-montagne qui est sur une planche dans l'armoire du bas.

---

[52] Georges Alnet.
[53] Marcel Leroux, 25 ans.

24

16 octobre 1914

Ma chère petite femme,

Quelle agréable surprise pour moi ce matin en recevant un volumineux courrier renfermant quatre de tes lettres dont la dernière du 7 octobre renfermant la photo de notre cher petit Loulou et de sa maman. Une autre également avec une autre photo. Te dire la joie que j'ai éprouvée en vous revoyant tous deux est impossible. Ce me sera une si agréable société aux moments pénibles que nous subissons. Il ne faut pas non plus que j'oublie de te signaler la réception du cahier de papier à cigarettes contenu dans une de ces lettres. Merci de ta charmante attention et crois qu'il a été le bienvenu.

Notre genre de vie est complètement modifié depuis huit jours c'est ce qui fait que j'ai été quatre jours sans te donner de mes nouvelles. Nous avons abandonné momentanément nos travaux de nuit. Nous travaillons donc maintenant de jour. Réveil à 5 heures. 12 kilomètres de marche le plus souvent à travers champs et quelle boue dans cette marne. Travail tout le jour et retour au cantonnement vers 8 heures du soir. La soupe et au lit !!! Je dis lit, tu dois savoir dans quels draps ! Donc pas un moment de libre car le soir en rentrant la fatigue se fait sentir. D'un autre côté nous courons moins de risque d'être attrapés par ces sales Boches.

Nous avons eu hier l'agréable surprise (tu vas en rire mais c'est réel) de voir passer un train !!! Pense donc depuis six semaines nous errons dans les bois et la campagne !!! Autre joie dimanche dernier un petit carillon venant du clocher d'un village où un prêtre soldat a dit la messe. L'église était trop petite. A part cela la santé se maintient et j'espère que cela va continuer.

As-tu reçu mon mandat carte adressé à la Loupe ? Je n'ai pas encore vu venir le colis que tu m'annonçais il y a 15 jours. Allons, puisque te voilà de retour à Paris vous n'allez sans doute pas être longtemps sans aller à Château. Je n'ai pas encore de nouvelles de

Godi. J'ai reçu une lettre de Maurice[54]. Il va bien. Lettre de M. Leprieur (Bébé), d'Argentan, de Dreux, mais pas d'Almenêches depuis longtemps.

    Je me demande dans quel ordre de dates tu reçois les miennes. Allons mon petit Loup. Je te quitte car j'ai les yeux et les mains fatigués (une bougie dans un grenier, mon sac comme pupitre)

    Mille baisers à notre cher petit. Mes meilleures amitiés à Louise et à petit Charles. Mes meilleures caresses pour toi.

    Ton grand Jo qui pense très souvent à toi.

Nouvelle adresse
E.T. sapeur mineur
Cie de corps du Génie 22/2 corps d'armée coloniale
Bureau central de Paris.

25

18 octobre 1914

Ma chère Zette,

    Ta lettre du 9 reçue ce matin laisse à penser un grand découragement chez toi. Si tu savais la peine que tu me fais quand je te vois dans cet état. Certes ta vie est loin d'être gaie mais au moins tu es entourée de gens qui te prodiguent leur affection. Je t'en supplie sois forte et ne te laisse pas abattre ainsi. J'ai reçu enfin également une lettre d'Almenêches. M. Piquet[55] doit aller à Paris et ira rue Titon voir ce qui se passe.

    J'ai oublié de te demander si tu as reçu à Paris un colis de linge que j'ai expédié à mon départ de Montpellier.

    J'ai reçu une carte de M. Fourmy. Souhaite-leur le bonjour de ma part. Demande à Roger des nouvelles de son fils. Ici toujours même vie. Nous sommes passés dans un village où nous avons pu trouver

---

[54] Morice Deshais.
[55] Peut-être Louis, le frère de Virginie Piquet (mère d'Eugène) et donc oncle d'Eugène.

chacun un litre de vin et une tablette de chocolat. Juge un peu de notre joie. La tablette fera bien huit jours en en croquant une dent chaque matin. Nous avons touché du régiment une paire de chaussette de laine et un maillot jersey. Quelle sollicitude.

Pour Toc fais-le abattre. J'avais cru te l'avoir dit quand tu m'en avais parlé il y a un mois. C'était une erreur puisqu'il a encore la vie sauve. Encore une victime de la guerre. Si tu as des nouvelles des fils Chef au 18, Baukh au 13 donne-les moi cela me fera plaisir. La petite Raymonde doit aller à Almenêche avec Cécile. Elle va beaucoup mieux et il faut espérer qu'elle sera vite rétablie.

Depuis quelques jours, l'orchestre est plus calme. Quand aurons-nous fini de l'entendre ?

Pour l'instant j'entends le rassemblement et j'y cours. Sac au dos et en route. La journée va encore être rude. Le ciel est gris. Un vrai temps de guerre. Embrasse bien Louise et Charles pour moi. Mille baisers à notre cher petit Loulou. A toi mes meilleures caresses.

Ton grand Jo qui t'aime et pense bien à toi.

26

Carte postale : Correspondance militaire
Destinataire : Madame Tavernier, 17 rue Titon, Paris XIème

21 octobre 1914

Ma chère Henriette,

Je viens de recevoir une de tes lettres datée du 15 septembre !!! Mieux vaut tard que jamais. Es-tu définitivement installée et penses-tu rester à Paris ? La santé est toujours bonne et j'espère que tous vous êtes également bien portants. A bientôt de bonnes nouvelles. Amitiés à Louise. Un baiser à Charles.

Mille caresses pour toi et notre cher petit Marcel.

Ton grand Jo

27

23 octobre 1914

Ma chère Petite Zette,

Repos depuis deux jours ! Nous sommes retirés dans un petit village où nous avons pu nous procurer quelques douceurs. Aussi quelle joie et nos fatigues sont oubliées pour un moment. Voici le menu que nous avons pu nous procurer.

Petit déjeuner. Café au lait ou chocolat au lait. À 11 heures apéro ! Sardines (sans beurre). Gigot. Haricots. Fromage. Vin à discrétion. Café. Cognac et…cigare. Le soir menu également excellent et concert en plein air jusqu'à 11 heures. Nous n'entendions même plus le canon ce qui fait que nous avons oublié (pour une soirée) que nous étions en guerre. C'est bien là l'esprit français hein ! Il a suffi d'une bonne journée pour oublier ce que nous avons enduré jusque-là. De quoi demain sera-t-il fait.

Je n'ai pas encore reçu de tes nouvelles de Paris. Que fais-tu ? Les journées doivent te sembler bien longues. Louise est sans doute rentrée avec toi ? Pendant que j'y pense. Dis donc à Roger qu'il mette le vin blanc en bouteilles et le cidre. Toujours sans nouvelles de Godineau. J'ai écrit à M. Leroux ces jours-ci. J'attends des nouvelles de Georges.

Le temps est assez beau pour le moment. La température est assez douce espérons que cela va continuer et que, d'ailleurs, nous n'aurons pas à subir en campagne les rigueurs de l'hiver. J'envoie aujourd'hui une carte pour l'anniversaire de Papa. J'espère qu'elle sera arrivée pour le 1er novembre.

Allons ma chère Petite Femme je te quitte pour remettre ma lettre au vaguemestre. Embrasse Louise et Charles pour moi. Mille baisers à notre cher petit Marcel. À toi mes meilleures caresses.

Ton grand Jo qui pense bien à toi.

Jo

A quelle date m'as-tu envoyé mon colis ?

28

25 octobre 1914

Ma chère Petite Femme,

En même temps que ta dernière lettre datée du 18 départ La Loupe, je reçois un de tes colis, celui venu par la poste et contenant une flanelle et une paire de chaussettes, papier à cigarettes et trois paquets bleus. Merci pour le tout et particulièrement pour les derniers articles. Celui expédié par le chemin de fer sera paraît-il plus long à arriver. Donc s'il t'arrive de m'en renvoyer, va les porter à la poste. Comme effets annoncés et arrivés y compris ceux du régiment j'en ai suffisamment. Je n'ose dire trop mais voici la raison.

Pour toute armoire nous n'avons que notre sac or, avec nos fourniments, gamelle, veste de drap, outil, couverture, vivres de réserve, mouchoirs, flanelles, chaussettes, chemises, calçons, quatre-vingt-huit cartouches, musette, bidon, fusil, baïonnette, je te prie de croire que les étapes sont longues et pénibles, et les épaules s'en ressentent.

Malgré cela si tu ne m'as pas encore envoyé mon passe montagne et si tu juges que celui que j'attends puisse le remplacer tu peux m'envoyer à la place du chocolat et, luxe suprême, une boîte de cigares ½ Londrès[56]. Rien n'est trop bon pour un sapeur.

Tu as dû trouver en arrivant à Paris une ou deux lettres car depuis quelques temps je t'y adresse mes lettres. Reçu également la photo de notre cher petit loup. En effet il a l'air de se bien porter et j'en suis heureux. Je remarque qu'il a un collier cette fois. Serait-ce celui qui était égaré ? Reçu une longue lettre de Godineau. Il se porte bien et est toujours aux environs de Paris. Son frère Gérard est à l'hôpital de Montpellier et y était déjà quand j'y étais encore. Malheureusement je l'apprends seulement aujourd'hui par une lettre partie le 15 septembre. J'ai touché aussi ce matin le deuxième télégramme que

---

[56] Cigare de la Havane, à l'origine fabriqué spécialement pour Londres et l'Angleterre. *Demi-londrès*. Cigare plus petit.

tu m'avais envoyé de La Loupe. Je reviens au frère à Roger. Blessure au front d'un éclat d'obus.

J'espère que le malaise dont tu te plains n'est que passager et sera vite dissipé.

Que j'envie le sort de Charles qui a pu aller embrasser sa femme et quand aurai-je le plaisir d'aller te revoir moi aussi. Espérons que ce sera bientôt. En attendant je t'envoie pour toi et Marcel mes meilleurs baisers. Meilleures amitiés à Louise et Charles.

Ton grand qui t'aime bien
Jo

Voici l'adresse de Godi
Sergent 1er génie Cie 5/14
Aigremont par Chamboursi
Seine et Oise

29

28 octobre 1914

Ma Chère Zette,

Je reçois ce matin une lettre de toi du 12 et une de Louise du 10. Également une carte de Charlotte de L'Absie[57], carte où elle me dit de lui écrire alors qu'elle m'annonce sa rentrée à Paris. Mon temps est très limité aujourd'hui, je lui enverrai un mot à Paris ces jours-ci. En attendant quand tu la verras présente lui mes meilleures amitiés ainsi qu'à Georges et aux enfants.[58]

Tu as dû trouver quelques lettres en arrivant à Paris et je compte bien en recevoir une de toi de Paris ces jours-ci.

Toujours rien de nouveau ici. Même vie, même travail. Mais que le temps me semble long. Il me semble qu'il y a six mois que je t'ai quitté et que les jours qui nous séparent encore vont me sembler longs. Aussi quelle joie quand nous allons nous retrouver. Et notre

---

[57] Commune des Deux-Sèvres.
[58] Georges et Charlotte Alnet ont trois enfants : Marguerite, Suzanne, Antoinette.

cher petit Marcel qui ne va pas reconnaître son papa avec sa grande barbe !!! Pourvu que sa maman veuille bien me recevoir ainsi !

Tu pourras également préparer la salle de bains car le service hydrothérapique ne fonctionne guère dans nos régiments. Quand encore on peut se débarbouiller consciencieusement !

Enfin et malgré tout la santé est — et je maintiens — bonne. Quand je pense aux petits soins dont j'étais entouré rue Titon et que je me retrouve dans cet état ? Je ne sais même si je saurai encore me tenir convenablement à table ? Quel mauvais exemple pour mon petit Loulou.

Allons, je te quitte ma petite femme chérie. Embrasse bien fort Louise et Charles pour moi et dit lui que ma prochaine lettre sera pour elle. Mes meilleurs baisers pour notre cher petit Marcel et à toi un millier de caresses.

Ton grand qui t'aime bien.

John

Je t'envoie en même temps que cette lettre un échantillon des cartes que nous délivrent nos supérieurs. C'est plutôt laconique.

> Cette carte doit être remise au vaguemestre. RIEN ne doit y être ajouté, excepté la date et la signature de l'expéditeur; les phrases inutiles peuvent être biffées. *Si quelque chose y était ajouté, cette carte ne serait pas transmise.*

Je vais bien.

~~Je suis à l'hôpital~~ { ~~blessé~~ ~~et suis en voie de guérison.~~
{ ~~malade~~ ~~et j'espère être bientôt rétabli.~~

J'ai reçu votre { lettre.
{ télégramme.
{ paquet.

Je n'ai reçu aucune nouvelle de vous { dernièrement.
{ depuis longtemps.

Lettre suit à la première occasion.

Date (*sans indication d'origine*) 28 8bre 1914

Signature (seulement) :

*Carte postale : Correspondance, Armées de la République,
Carte en franchise
Destinataire : Madame Tavernier 17 rue Titon, Paris XI*

31

31 octobre 1914

Ma chère Zette

Comme je te le disais, je crois, dans ma dernière lettre nous sommes cantonnés dans un petit village d'où on peut se ravitailler assez sommairement. Tu peux en juger d'ailleurs par le luxe de cette lettre que je t'écris à l'encre. Non pas que cela rappelle, même de très loin, la plus modeste des vies à la campagne mais pour nous c'est un mieux que l'on sait apprécier. Comme décor rien de changé toujours repas en plein air et repos dans la paille mais l'ordinaire peut être amélioré et je te jure qu'on ne s'en prive pas. Nous sommes quatre copains qui ont formé une association et comme la vie que nous menons ici est trop belle !!! Pour pouvoir durer longtemps nous nous sommes fait une provision de vivres de réserves pour huit jours ; on ne peut faire plus car il faut songer au sac qui est lourd à porter quand on fait 20 où 30 kilomètres.

Pour te donner une idée des loisirs que nous avons, nos travaux étant terminés jusqu'à l'attaque qui doit être prochaine par l'infanterie logée dans les tranchées que nous leur avons faites en grande quantité, le capitaine nous a fait faire hier une marche assez longue sans doute, mais sans armes ni équipements et nous a conduit sur le plateau de Valmy rendre visite à la statue de Kellermann, héros de la campagne de 1792[59]. Nous marchions comme des lapins tant cela nous semblait bon d'être allégés de notre fardeau habituel et nous avalions les kilomètres sans nous en douter.

Tu vois ma grande chérie que pour l'instant tu peux dormir sur tes deux oreilles.

Je viens d'interrompre ma lettre à l'appel du vaguemestre qui me remet ton 2ème envoi. Deux paires de gants un passe montagne lacets tabac et papier. Merci, merci. Tu m'avais annoncé un chandail mais je ne l'ai point reçu.

---

[59] La bataille de Valmy est la première victoire contre les Prussiens de l'armée révolutionnaire commandée par le général Kellerman. Elle marque l'avènement définitif de la première République.

Point reçu encore de tes nouvelles de Paris. Peut-être sera-ce pour ce soir. J'ai oublié de remercier notre petit Marcel pour son joli gribouillage de l'autre fois. Je remarque avec plaisir les progrès qu'il a faits depuis 6 semaines. Un mot de Charles et ce sera parfait.

Demain dimanche 1er novembre nous nous proposons, si nous sommes encore là, d'aller à la messe aux morts. Quel triste jour encore plus triste que les années précédentes car que de familles en deuil ou incertaines sur le sort des leurs. Ici ce sera encore plus lugubre. Comme orgue dans cette pauvre église toute branlante le bruit du canon. Je laisse là des idées noires pour aller me mettre les pieds sous la table. Quand je dis sous la table, j'exagère peut-être un peu mais enfin le menu va être extraordinaire, je ne te dis que ça.

Allons mon petit loup, je te quitte. Embrasse bien Louise pour moi.

Un millier de baisers pour toi et notre cher petit Marcel.

Ton grand qui t'aime bien.

John

32

3 novembre 1914

Ma chère Petite Femme,

L'homme propose mais le général dispose. En fait de messe le jour de la Toussaint nous sommes partis le dimanche matin à 7 heures pour un nouveau cantonnement qui est loin de valoir celui que nous avons quitté, et ce sous tous les rapports. Finie cette orgie de ravitaillement et nous voilà retombés à l'ordinaire réduit à sa plus simple expression. Enfin chaque jour nous rapproche insensiblement du retour.

J'ai reçu comme je te l'ai dit le deuxième colis dont je t'ai donné le détail et ce matin je reçois ta lettre du 17 octobre m'annonçant le départ de ce colis. J'attends donc maintenant celui où tu m'annonces mon chandail. Puis viendra ensuite celui du passe montagne et peut-être encore d'autres.

J'ai reçu également une lettre de toi de Paris où tu me donnes des détails. Il me manque des nouvelles du fils Roger. As-tu dit de mettre le vin en bouteilles ?

Quant à l'adresse pour ces colis, tu n'as pas à t'informer auprès de Pierre ou de Paul. Envoie-les-moi à l'adresse que je te donne sur chaque lettre et fais attention car elles changent quelques fois. Ainsi aujourd'hui un léger changement.

Sapeur E. Tavernier
1er Génie. Compagnie 22/2
2ème Division d'Infanterie Coloniale
Bureau central militaire de Paris.

Quand tu verras M. Hurbe souhaite lui le bonjour de ma part. Quant à Duguy, je m'étonne qu'on n'ait pas eu de ses nouvelles car il était, je crois, destiné à un des services automobiles et par conséquent sans grands risques. Il se peut qu'on n'ait pas de ses nouvelles pour cette seule raison : Mme Duguy doit être en Provence et par conséquent isolée de tous ces messieurs les Entreprenailleurs [sic]. Il est vrai que lui-même eut pu nous en donner directement. Souhaitons, en tous les cas, que ce soit par pure négligence. J'ai reçu des nouvelles de Maurice[60] depuis qu'il est à son nouveau poste à Troyes. Il se plaint de la monotonie de sa nouvelle vie. Il ne connaît pas ou ne sait pas apprécier son bonheur...

J'attends une lettre de M. Piquet. Maman est-elle venue passer quelques jours avec toi ?

Il a fait un soleil splendide le jour de la Toussaint. C'est plutôt rare un tel jour. Par contre il pleut aujourd'hui à torrent et ce n'est pas le rêve. Mieux vaut encore un beau temps froid mais sec.

Toujours ici la même musique, ennuyeuse à la fin, de ces canons petits et gros. Hier gala dans les airs. Toute la journée les nues ont été sillonnées par des avions français et boches. Ils se rendaient leurs visites je crois. Les nôtres sont salués par les boches d'obus dont on

---

[60] Maurice Deshais.

suit les éclatements autour de nos appareils toujours avec anxiété. Fort heureusement beaucoup de bruit pour rien. Quant aux leurs qui viennent chez nous ils sont salués par des salves de balles également sans résultat car ils passent trop haut. L'un d'eux a laissé tomber six « crottes » aux environs de chez nous, sans dommage d'ailleurs. La consigne pour nous est de se cacher à leur approche, renseignés que nous sommes par des sonneries de clairon.

Allons, ma petite Femme chérie, je termine ma babillante en t'envoyant une grande provision de baisers et mes meilleures caresses. Amitiés à Louise et à Charles puis à la rue Mathis. Un grand baiser sur chaque joue pour notre petit Marcel.

Encore un ici pour toi.

Ton grand qui t'aime bien et pense bien à toi.

Jo

33

5 novembre 1914

Ma chère Petite Zette,

Deux mots à la hâte pendant une grande halte. Nous sommes encore déménagés une fois. Départ ce matin à 6 heures ; il est 4 heures du soir et n'avons pas encore mangé, même pas bu notre café avant de partir. Il était fait et le rassemblement sonné, nous étions en retard et le capitaine pour nous faire dépêcher n'a rien trouvé de mieux que de renverser notre percolateur d'un coup de botte.

Juge un peu de nos têtes. Enfin nous arriverons, paraît-il, dans une heure, nous n'aurons pas volé notre pot-au-feu. Nous sommes en pleine Argonne et la musique redouble de violence. Où allons-nous ? Faire encore des tranchées sans doute.

Je te quitte ma grande chérie et te donnerai d'autres détails demain, si possible. Mille baisers pour toi et Marcel. Bises à Louise et Charles.

Ton grand Jo

34

29 novembre 1914

Ma petite Zette chérie,

Tu me dis dans ta dernière lettre que Louise est encore souffrante ! Pauvre Louise, toutes ces émotions ont encore ébranlé sa pauvre santé. Espérons toutefois que cela ne sera rien. J'écris aujourd'hui à Charles à qui je n'ai pas eu le temps de répondre encore. Je reçois tes lettres assez rapidement ; c'est ainsi que j'ai eu celle du 20 le 25 et, chose plus extraordinaire, un de tes colis contenant paire de gants, flanelle, chaussettes, plastron, papier et chocolat parti le 21 reçu le 24. Je n'ai pas reçu le deuxième contenant bandes et passe montagne non plus qu'un annoncé depuis longtemps contenant cigares et chocolat.

Merci encore une fois pour toutes ces bonnes choses. Pour l'instant tu peux arrêter l'envoi de chocolats. Nous pouvons en faire venir de Ste Menehoulde par le vaguemestre. Merci aussi pour les journaux. De temps en temps envoie-moi seulement « l'*Homme enchaîné*[61] » pour les articles de Clémenceau. J'ai également reçu un colis de Georges, tabac et briquet. Record trois jours à venir. Pour la jument tu as bien fait de la louer, c'est toujours cela de pris. Je pense que tu as pris des renseignements sur la personne en question,

Reçu des nouvelles de toute la famille. Ici toujours la même vie, tout à la fois mouvementée et monotone. Il paraît que cela va bien dans le Nord et du côté russe. Est-il vrai que l'Italie ait déclaré la guerre à l'Autriche ?[62] On raconte ici tant d'histoires que nous ne pouvons contrôler.

La neige a disparu pour faire place à la pluie. Mieux valait encore un bon froid sec à cette boue épaisse et gluante. Quand on revient du travail dans les tranchées on dirait s'être roulés dans la boue. Je donnerais je ne sais quoi pour qu'il te soit permis de voir ton grand Jo dans cet accoutrement. Je suppose qu'ils ne nous laisseront pas rentrer à Paris avec de telles hardes.

Quand viendra donc ce jour que tous nous appelons et quel bonheur de se retrouver après une si longue et si douloureuse séparation. Quelle frimousse va faire notre cher petit Loup en voyant rentrer son <u>grand</u> Papa. Comme il doit être mignon et quelles bonnes parties tu dois déjà faire avec lui. Pauvre petit bonhomme. Que de bonnes caresses je vais lui devoir ainsi qu'à sa maman. On tâchera de se rattraper hein mon vieux ?

Et ces pauvres réfugiés de Reims ? Leur situation n'est pas très brillante non plus. Et la pauvre maison de la rue Racine. Quel fourbi cela doit faire et de quel œil attristé les Alexis doivent voir tout cela.

---

[61] Fondé en 1913, *L'Homme libre* puis *L'Homme enchaîné* était le journal de Georges Clémenceau. En raison de ses critiques, le journal fut censuré au début de la Première Guerre mondiale et transforma alors son titre en *L'Homme enchaîné*. Le quotidien sera suspendu à nouveau en août 1915.

[62] L'Italie ne déclarera la guerre à l'Autriche-Hongrie qu'en mai 1915 après bien des hésitations.

Allons tout cela se remettra en place prochainement, espérons-le, et la vie heureuse que nous mènerons au retour aura vite fait de nous faire oublier toutes ces vilaines misères. Allons mon petit Loup je te quitte pour aujourd'hui. Mon premier moment de loisir sera pour te mettre un mot.

Mille bonnes amitiés à notre chère Louise et au gentil petit Charles. Mille baisers pour toi et notre cher petit Marcel.

Je t'embrasse bien tendrement.

Ton grand Jo

J'oubliais de te donner des nouvelles de ma santé. Toujours bonne. Pas le moindre rhume ? Cela doit te surprendre mais c'est cependant vrai.

Ci-inclus quelques feuilles de lierre de notre forêt d'Argonne

35

4 décembre 1914

Ma Petite Femme Chérie,

J'espère qu'au reçu de cette lettre tu auras enfin eu la visite de Maman. Je ne comprends pas qu'elle soit restée trois semaines sans nouvelles alors que je lui écris régulièrement chaque semaine. Enfin par ton intermédiaire elle a dû être rassurée. Je pourrais en dire autant car je n'ai point reçu de nouvelles d'Almenêches depuis 15 jours au moins et j'en attendais par le même courrier de M. Piquet à qui je n'ai pas écrit, le croyant toujours malade. Il n'en est rien puisque sa santé lui a permis de venir à Paris. Je vais donc lui écrire aussitôt que possible.

As-tu vu au dos de mes deux dernières lettres, c'est à dire sur l'enveloppe, les commandes que j'ai faites. Je vais te les rappeler au cas où tu ne les aies pas vues. Une bouteille (petite) de glycérine et surtout un gilet ordinaire avec à l'intérieur deux grandes poches dans lesquelles je pourrai mettre mon livret et mon portefeuille ; ces deux poches avec patte de fermeture.

Tu me dis m'avoir acheté une montre. C'est très bien, mais ce sera mieux encore quand je l'aurai reçue. Joins quelques paquets de tabac bleu et ce sera parfait. Nous avons trouvé un moyen assez pratique de ravitaillement qui va fonctionner ces jours-ci. Le père d'un de mes copains va chaque semaine faire une commande chez Damoy[63] qui nous enverra directement ses produits. C'était simple mais encore fallait-il y songer.

Reçu ce matin une longue lettre de Godi qui a reçu de toi m'a-t-il dit une seule lettre datée du 23 septembre et reçue le 25 novembre = 2 mois. Son père, très affecté, a pris le lit et on redoute qu'il ne puisse supporter cette rude épreuve. Il est maintenant aux environs de Soissons et regrette paraît-il sa petite vie tranquille des environs

---

[63] Julien Damoy est un épicier français. Établi à Paris dès la Belle Époque, il étendit son activité de commerce de vins et d'épicerie générale à toute la France.

de Paris. Coïncidence bizarre. Son frère revenu sur le front traîne également ses guêtres dans la forêt de l'Argonne. Si nous allions nous rencontrer ce serait plutôt drôle. Revoir une tête connue et amie dans ces parages inhospitaliers. À part cela rien de changé dans notre existence. Toujours la même vie et surtout toujours le même temps pluvieux et triste. Aujourd'hui encore et surtout grand échange de télégrammes. Vœux et félicitations sans doute entre les artilleries. C'est leur fête de la sainte Barbe et ils s'en donnent à cœur joie. Ce bruit-là me manquera dans ma paisible rue Titon que j'espère revoir avant que notre cher petit Loulou ne marche. Godi m'en faisait la réflexion et le voit déjà marcher seul.

Et notre chère Louise ? Toujours la même, alors, et quel trio vous deviez faire avec Maman. Laquelle pouvait remonter le moral aux autres ? Heureusement j'espère que Georges est là et que lui au moins ne se démoralise pas trop. Allons, je te quitte ma chérie. Embrasse bien Louise et Charles pour moi.

Mille et un baisers pour toi et notre cher petit Marcel. Ton grand Jo qui voudrait tant te revoir pour te prodiguer les meilleures caresses. Jo

36

8 décembre 1914

Ma chère Petite Zette,

Il me va falloir, je crois, bientôt acheter un copie lettres car avec notre vie toujours mouvementée et les quelques lettres écrites à droite et à gauche je ne sais bientôt plus, d'une lettre à l'autre, ce que j'ai pu raconter dans la précédente. Tant pis donc si je me répète.

T'ai-je dit que nous avions quitté l'Argonne pour venir un peu au repos à 15 kilomètres en avant de Ste Menehould (côté frontière) entre Verdun et Ste Menehould. Que va durer ce repos et quel genre de travail nous réserve-t-on ? En attendant profitons-en. Cela fait déjà trois jours que nous sommes là et cela nous semble bon, je t'assure.

Tu me demandes la façon de te ravitailler ? (J'emploie le même terme que nous.) Le plus simple est d'aller au Comptoir d'Escompte[64] au coin de la rue Alexandre Dumas[65] qui je l'espère est ouvert. Là tu verras le directeur à qui tu expliqueras ton cas en lui demandant la marche à suivre. Il est fort probable qu'il te faudra une procuration ou un pouvoir signé de moi. Renseigne-toi et envoie-moi les pièces nécessaires. Je te les retournerai aussitôt car je serai peiné de te savoir à court d'argent. Et le charretier Royer, que devient-il ?

J'ai reçu hier une longue lettre de Godi qu'il m'adressait en même temps qu'il t'en envoyait une. Reçu également une longue lettre de Maman enchantée de son séjour auprès de toi et ravie des progrès accomplis par notre cher petit Marcel. Lettre aussi d'Argentan. À quelle question ai-je oublié de répondre au questionnaire du petit Charles ? Dis-le-moi, ce sera l'objet d'une seconde lettre. Amitiés à M. Hurbe et excuses pour le mal que je lui donne. Bons baisers à Louise et à Charles.

Mille caresses à notre petit Loulou et à toi mes meilleurs baisers.
Ton Jo

---

[64] Le Comptoir d'Escompte de Paris est une banque de dépôt, ancêtre de la BNP. On pouvait y déposer des espèces mais aussi des bijoux ou de l'argenterie.
[65] À l'angle du Boulevard Voltaire dans le 11ème.

37

La Harazée, St Hubert, Four de Paris, Bagatelle[66]
Le 10 décembre 1914

Ma Petite Femme chérie,

Quelques heures de loisir me permettent aujourd'hui de causer plus longuement avec toi. Et d'abord j'espère que, comme moi, vous êtes toutes en bonne santé. Il n'y a donc que ce pauvre M. Piquet qui soit souffrant. D'après ce que j'ai pu comprendre il ne va pas retourner de sitôt en Normandie. Peut-être va-t-il retourner à Nice ?

Et Maman ? Repartie déjà sans doute. Dis-moi donc si elle est si déprimée que tu me l'as laissé entendre. Je lui ai écrit il y a quelques jours et elle aura trouvé ma lettre en arrivant à Almenêches.

J'ai reçu ta lettre du 1er décembre, lettre où tu m'annonçais l'envoi d'un colis caleçon. Reçu. Reçu également autre colis gilet et montre. Tous arrivent plus vite que les lettres. De tout cela merci. Mais je dois te dire que j'ai été désagréablement surpris (ce n'est cependant pas un reproche) en ne trouvant pas trace d'un grain de tabac. Aux prochains envois n'aie pas peur de compléter le poids (ce n'est pas

---

[66] Quatre lieux-dits de la forêt d'Argonne.

lourd) avec un ou quelques paquets bleus à 0,80 F. Le tabac du régiment est si désagréable à fumer en cigarettes. Je ne te parle pas cigare pour le moment (j'y reviendrai tout à l'heure).

 Donc, à propos de colis, il me manque ou plutôt j'aurais besoin d'un tas de choses que je ne puis te demander car comme toujours plus j'en reçois plus mon sac et ma musette s'alourdissent. Cependant comme objets de grande nécessité je te demanderai : un couvre nuque en caoutchouc ou toile cirée assez long c'est à dire couvrant le képi protégeant le cou et quelque peu les épaules, un foulard ordinaire et sombre, et surtout — et ici c'est sérieux — deux lampes électriques de poche. Je dis deux car j'en céderai une à un de mes copains. Ici donc entendons-nous bien. Il n'est pas question d'un article de bazar à vingt sous. Il faut un article sérieux et autant que possible de dimensions réduite. Il faut concilier ces deux choses. Donc article sérieux et susceptible de se recharger périodiquement en ce sens que si la pile est faite pour marcher 3 ou 4 heures, à ce moment voulu j'écris à la maison d'où vient cette lampe et elle m'expédie une pile de rechange. Tu me diras le prix de la lampe. Si je te demande cet article c'est que vois-tu voyageant souvent de nuit dans cette maudite forêt jonchée de tranchées, arbres abattus etc. on ramasse force bûches et c'est fort désagréable, surtout en ce moment où la terre est plutôt détrempée. Ceci fera l'objet d'un colis. Pour celui-ci je t'ai désigné les articles.

 Pour l'autre je te laisserai le choix mais voici son objet. Je te l'ai déjà dit je crois que nous étions 5 copains partageant nos joies ! Et nos misères. Or pour le Noël autant que les circonstances le permettront ainsi que le milieu et le moment, notre intention est de faire un extra ce jour-là. Donc chacun de notre côté nous écrivons chez nous demandant un envoi de circonstance. Le champ est forcément restreint mais quelques conserves judicieusement choisies avec quelques chatteries (une fois n'est pas coutume) et quelques cigares feront nos délices, et cette petite fête dans notre misérable hutte nous fera oublier un instant nos misères et penser à notre famille et surtout aux chers enfants qui mettent ce soir-là leurs chaussures dans la cheminée ! J'y mettrais bien mes bottes mais il faudrait déjà faire une cheminée et il est bien plus simple que le père Noël (s'il ose toutefois s'aventurer dans ce maudit coin) entre par la porte qui ne ferme pas et pour cause. !!!

Cher petit Marcel. Il ne comprendra pas encore cette année, mais l'an prochain il se rattrapera, et cette fois son Papa sera là. Il sera là aussi pour fêter l'anniversaire à sa Petite Femme[67] car si j'ai encore tous mes esprits cette lettre arrivera à temps pour t'apporter mes meilleurs vœux ! Je ne puis faire mieux que de les envoyer sur ce bout de lettre mon pauvre vieux. On se rattrapera de tout cela plus tard.

Tu ne me dis pas si Charles a reçu ma lettre. J'espère que oui mais il me semble qu'elles sont fort longues à te parvenir. Elles arriveraient plus vite si je pouvais aller moi-même te les porter. Allons mon petit Loup je te quitte. Mes meilleures amitiés à Louise et Charles. Un bonjour à M. Piquet à qui j'ai écrit il y a quelques jours en Normandie croyant qu'il était simplement de passage à Paris. Embrasse bien bien fort notre petit Marcel.

A toi mes meilleurs baisers et mes plus tendres caresses.

Ton grand Jo

38

11 décembre

Ma chère Zette,

J'ai reçu ce matin deux lettres de toi toutes deux datées du 2 décembre. Neuf jours à venir c'est un peu long et nous revenons aux lenteurs du début. A part cela j'ai reçu également un colis dit de ravitaillement et qui ne m'était point arrivé. Bien venu. J'ai pensé un moment à celui signalé et dont j'attends l'arrivée : le fameux paquet cigares et chocolat. Pour celui-là je crois qu'il n'y faut plus songer.

---

[67] Henriette a eu 29 ans le 9 décembre.

À côté de cela tu me parles du travail de la rue des Écouffes[68]. Dis bien à M. Hurbe que je n'ai jamais eu de plan de travail à exécuter pour la raison bien simple que nous marchions forcément à tâtons dans ce travail et que si quelqu'un en a eu un ce ne peut être que le menuisier et c'était simplement un projet de devanture qu'il devait soumettre à l'architecte lorsqu'il l'aurait mis au net. Quant à la quittance des droits de voirie je l'ai eue en ma possession le temps d'aller au Commissaire la produire pour éviter une contravention et l'ai remise au retour au marchand de vins qui pour l'avoir acquittée me la réclamait. Inutile donc de cherche trace de quoi que ce soit à mon bureau. Vous y trouverez simplement sur mon livre de corvées le temps passé et les marchandises fournies.

Comme détails de travail j'ai peut-être sur une feuille volante sur mon bureau un semblant d'attachement, ou encore sur les feuilles de corvée des hommes dans le casier du grand bureau. Je comprends assez l'ennui de M. Blin. Quant à la colère de l'architecte je ne me l'explique guère et il a bien de la chance de se trouver dans la catégorie des Embusqués. Un petit tour dans l'Argonne lui calmerait les nerfs. Dis-lui donc qu'il vienne me remplacer le temps que j'irais faire son travail !!

Présente mes excuses à ce pauvre cher M. Hurbe pour le dérangement et l'ennui que je lui occasionne, et en même temps mes amitiés ainsi qu'à Madame. Quant à Bichette qui encore a pu la froisser ? J'ai écrit à M. Leroux[69] il y a quelques jours avant.

Allons mon vieux Loup. Bons baisers à Louise et Charles. Mille pour notre cher petit Loulou et à toi mille bonnes caresses.

Ton grand qui pense souvent à toi.

Jo

---

[68] Petite rue du 4ème arrondissement de Paris.
[69] Marcel Leroux, mari de Marguerite Alnet, une fille de Charlotte.

En Argonne. LA HARAZÉE. Les abris

Lorsqu'une attaque à la mine est décidée, on ne se contente pas de creuser une galerie unique en direction de l'ouvrage à détruire, mais on crée un système de galeries dont les éléments doivent s'appuyer réciproquement. Le départ des différentes galeries de mine devra être placé en arrière de la première ligne de tranchée. On distingue :
- la galerie principale de 2m x 2m,
- la galerie ordinaire de 2m de haut sur 1m de large,
- la demi galerie de 1,5m de haut sur 1m de large,
- le grand **rameau** ou **sape** russe de 1.2m sur 0.8m ; galerie peu profonde qui, n'étant pas boisée, peut progresser relativement vite dans un sol résistant.
- le petit rameau ou rameau de combat de 0.8m sur 0.6m dans lequel seul un mineur peut avancer en s'accroupissant et qui aboutit à la charge explosive appelée « **fourneau** ».
Suivant la puissance et les effets de l'explosion souterraine, on distingue trois types de **fourneaux**.
Le **fourneau ordinaire** est une charge explosive enterrée à 4 ou 5 mètres en dessous de la surface du sol et suffisamment forte pour déterminer des effets extérieurs, c'est à dire la projection au dehors des terres sous lesquelles il est enfoui et la formation résultante d'un cratère en forme de tronc de cône. Cet effet extérieur ou excavation est complétée par un effet intérieur ou commotion des parties voisines du terrain. L'effet de la commotion est suffisant pour détruire des galeries de mines qui se trouveraient à proximité de la base de l'entonnoir.
Le **fourneau chargé** ou « globe de pression » est calculé pour produire un maximum d'effets extérieurs. Il est employé pour renverser les contrescarpes, et détruire en même temps, à grande profondeur, le réseau de galeries de défense de l'ennemi. Les énormes cratères obtenus permettent à l'assaillant de s'y loger à couvert à proximité de l'ennemi.
Le **camouflet** est un petit fourneau sous chargé, donc sans effets extérieurs, que le mineur pratique du côté du mineur ennemi et qu'il fait jouer lorsqu'il juge qu'il n'en est plus séparé que par une épaisseur de 2 à 4 mètres pour le frapper par l'explosion ou le forcer à la retraite.
Ces charges sont placées dans la chambre de mine, au fond du petit rameau. Le mineur procède alors au bourrage pour fermer solidement le fourneau et y introduire une mèche lente de mise à feu.
Les terres de déblaiement sont transportées dans des brouettes et des sacs ou par wagonnets. Les galeries, en pente inclinée, peuvent descendre jusqu'à plusieurs dizaines de mètres.

D'après http://argonne19141918.chez.com

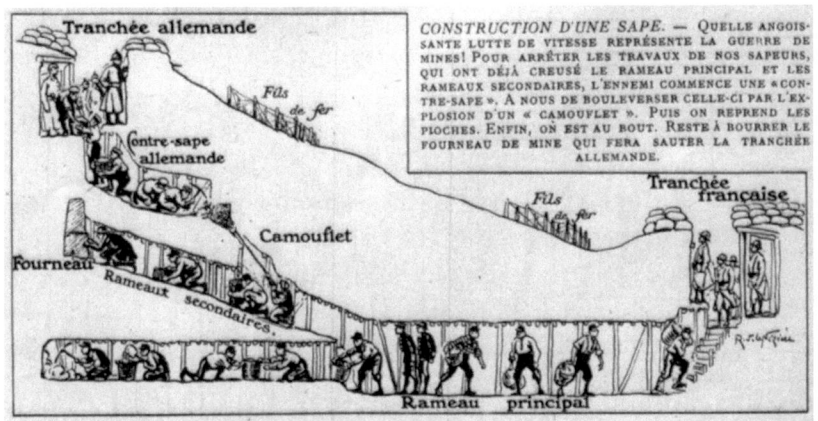

39

Courtémont, le 15 décembre 1914

Ma chère Petite Zette,

J'ai reçu hier ta lettre du 8 juste au moment où nous quittions pour toujours, espérons-le du moins, cette maudite forêt de l'Argonne. Oui, nous attendions cette relève depuis longtemps déjà mais elle ne venait pas souvent. Heureusement le major et le capitaine, justement émus du dénombrement de leur Cie réduite à sa plus simple expression, ont réussi à nous sortir de là pour nous emmener assez en arrière au repos. Je dis repos, c'est un peu excessif, mais le genre de travail ne sera plus le même. Au lieu de travailler presque nuit et jour sans relâche et par ces temps affreux nous resterons six jours sans sortir des tranchées puis nous aurons six jours de repos. Tu me demandes des nouvelles de ma santé et surtout si je te dis la vérité. La meilleure preuve que je me porte bien est que je suis resté parmi ceux qui n'ont pas encore été malades et ils sont plutôt rares.

Certes mon ventre ne me gêne plus pour lacer mes souliers et je te prie de croire que je suis à l'aise dans mon caleçon du docteur Jaeger. Deux pourraient aisément s'y loger. À cela près je suis plus agile pour travailler dans nos mines de 0,70 x 0,80 quand on est ainsi à 30 mètres sous terre en avant des tranchées de 1ère ligne et que nous allons à la rencontre de ces sales boches. Cette peine est compensée quand nous faisons sauter cette mine et que nous voyons les boches exécuter le saut périlleux !! Il est vrai qu'ils nous jouent quelques fois la farce de nous faire sauter avant. C'est la guerre. Quand cela finira-t-il. Si nous avions la chance que ce ne soit pas notre tour de marcher le jour de Noël. Nous sommes installés dans une grange et le décor est tout trouvé pour cette fête.

J'ai reçu, avec je ne puis te dire quelle joie, la petite mèche de cheveux de notre cher petit Loulou. Dois-je te l'avouer ? J'ai pleuré en la voyant. Cher petit ! En effet il a changé de couleur et qu'il doit être gentil ?

J'ai reçu aussi une lettre de M. Piquet. À son écriture je vois qu'il n'est pas encore complètement rétabli et il aspire après le retour des beaux jours. Il va rester sans doute tout l'hiver à Paris. Que cela lui semble long et triste aussi d'être seul.

A la Noël, tous les ans, on lui souhaitait sa fête puisqu'il s'appelle Noël. Je suppose et espère que rien ne vous empêchera de fêter Noël. Invite-le donc ce jour-là à venir avec vous rue Titon, cela me fera plaisir et s'il accepte, il passera un moment avec vous.

Quand tu auras quelque chose de pressé à me faire savoir, le moyen le plus rapide sera de me glisser une lettre dans un colis, car alors que les lettres mettent sept ou huit jours à venir, les colis ne mettent que trois ou quatre jours. Je reçois régulièrement les journaux, merci. Quant aux provisions merci pour les tripes mais autant que possible n'envoie rien à mettre sur le feu. Allons, je te quitte ma chérie. Embrasse bien Louise et Charles pour moi. Bonjour aux Rémoises[70] que je n'ai pas le plaisir de connaître.

Mille baisers à notre cher petit Marcel.

Mille caresses de ton grand Jo qui pense bien à toi. Ton Jo

E. Tavernier
1er Génie Cie 22/2Secteur n°13

---

[70] La famille de Reims est peut-être celle de Jacqueline Théron, la future femme de Charles Dubourg.

40

22 décembre 1914

Deux mots à la hâte pour te donner quelques nouvelles. Et d'abord santé toujours bonne malgré les intempéries qui s'acharnent sans trêve sur nous. Il est vrai que j'ai maintenant de quoi me préserver comme nuque et plastron. Ah ! À propos je t'accuse ici réception de nombreux colis. J'en ai reçu cinq le même jour. Inventaire fait et d'après ta dernière lettre il me manque les piles de rechange que tu m'annonçais à moins que tu ne les aies mises dans un colis non encore arrivé. Les lampes étaient très bien enveloppées dans du tabac. J'en ai maintenant une ample provision. De tous ces colis merci, merci. Je ne puis t'en faire une description complète, mais l'ensemble était parfait y compris la boîte de la Civette[71]

Je vais tâcher de trouver un moment pour remercier mon petit Charles. Quand tu recevras cette lettre j'espère que les Boches auront déménagé de toute cette ligne de la Champagne car qu'est-ce qu'on leur a versé depuis le 20, c'est à dire dimanche dernier. Jamais encore je n'avais entendu pareil enfer, et ce n'est pas fini.

Nous sommes rentrés ce matin de Minaucourt ou nous étions partis dans la nuit de samedi à dimanche et où l'attaque a commencée. Terrible, effrayant et c'est à se demander quel effet démoralisateur une pareille avalanche d'artillerie peut leur produire. Il paraît que d'ici huit jours on doit les faire rentrer chez eux. Attendons et espérons.[72]

---

[71] Nom donné à un débit de tabac.
[72] C'est à Minaucourt que se trouve la ferme de Beauséjour transformée en fortin par les allemands. La ferme est reprise par les coloniaux au prix de lourdes pertes le 26 septembre. Une nouvelle attaque débute le 20 décembre 1914, exécutée par des bataillons des 7ème, 22ème et 33ème R.I.C. La ligne de front progressera au fil des mois par actions de « grignotage », mais les Allemands avaient organisé et fortifié un lacis de tranchées sur la hauteur, à 1500 mètres au nord de cette ferme. Cette position, formidablement protégée sera prise et reprise sept fois. Elle a été le théâtre d'une incessante guerre des mines, ainsi que plusieurs assauts à la baïonnette, clairon en tête,

Excuse-moi de ne pas m'entretenir plus longtemps avec toi aujourd'hui mais nous passons en revue !!! de fusil et d'habillement à 4 heures par le capitaine. Il est temps en effet qu'ils songent à nous rhabiller car les pantalons surtout n'en veulent plus. Pourvu qu'on ne les use pas encore une fois cela nous conduirait encore loin. Je ne crois pas cependant et ai confiance surtout depuis que j'ai pu assister à ce spectacle gratuit qui nous a été offert dimanche et lundi.

Allons ma petite Zette chérie, je te quitte bien à regret et tâcherai de ma rattraper un de ces jours. Ne t'inquiète pas si tu es quelquefois 4 ou 5 jours sans nouvelles mais quand je t'écris je voudrais t'en mettre chaque fois bien long et ne puis jamais me résoudre à t'envoyer une carte toute sèche. Mes meilleures amitiés à notre chère Louise et à son gentil petit Charles.

Mille bons baisers pour toi et notre cher petit Loulou, à vous deux que je voudrais tant revoir.

Allons encore un gros baiser et je te quitte.

Ton grand Jo qui t'aime bien et pense bien à toi.

Eugène

41

25 décembre 1914

Ma petite Femme Chérie,

Combien je suis heureux de t'annoncer que nous avons pu fêter la Noël dans notre modeste grange. Certes il eût été préférable de la fêter en famille, hein mon vieux ? Mais pense un peu quel prix nous attachons à ce bonheur inattendu. Au lieu d'être dans les tranchées nous sommes ici à l'abri !!! Sur une botte de paille et c'est bien là l'esprit troupier français : on oublie toutes nos misères. La compagnie a voulu bien faire les choses tu en jugeras d'après le menu que je t'envoie. Le capitaine a été enchanté de notre conduite et de notre

---

particulièrement meurtriers. Les allemands ne l'abandonneront que lors de l'offensive du 25 septembre 1915.

travail en général. Pense donc la Compagnie a été citée à l'ordre du jour de l'armée, et comme toujours le résultat sera le même : la croix pour notre Capitaine que l'on n'a jamais vu là où il y avait du danger. Enfin c'est la coutume.

Le menu que je t'ai envoyé est fantaisiste (tu voudras bien le conserver) mais voici le réel : Potage-Bœuf bourguignon-Jambon-Pâté-Saucisson-Côtelette de porc froid-Petits pois à la française-Fromage-Petits beurres-Oranges-1/2 litre de vin-Un verre de champagne Mercier-Café-Rhum-Cigare. Il nous a été impossible de toucher à nos conserves. On se rattrapera demain. À propos, les colis continuent à arriver. Toujours merci. La potion est arrivée à point. Reçu également mandats lettre. Merci, merci.

Ce qui est pénible et trouble notre joie passagère c'est d'entendre toujours la canonnade qui n'arrête pas depuis dimanche deux secondes et de penser que nos pauvres frères d'armes moins heureux sont en train de se battre ![73]

J'espère que vous avez passé également un bon Noël. Ce qui me chagrine c'est que nous ne serons pas non plus réunis au jour de l'an. Aussi je vous envoie dès aujourd'hui à tous, Êtres bien chers que je réunis dans une même pensée, mes meilleurs vœux pour cette nouvelle année qui, je l'espère, nous trouvera bientôt enfin réunis. Bonne santé et surtout et encore du courage pour supporter cette nouvelle épreuve qui espérons-le, touche bientôt à sa fin. Allons, je te quitte ma chère Zette. Embrasse bien notre chère Louise et son petit Charles pour moi. Mes meilleurs baisers pour toi et notre cher petit Loulou. Encore une bonne caresse de ton grand Jo qui espère bientôt te revoir.

Jo

---

[73] Attaque du plateau de Bolante par les bataillons du 4e régiment de marche du 1er étranger, appelé couramment « Légion garibaldienne ». L'attaque est repoussée par les allemands.

42

30 décembre 1914

Ma chère petite Zette,

Les colis continuent toujours à arriver. Aujourd'hui même j'ai reçu le Noël du soldat. Véritable épicerie, échantillon de toutes sortes de produits. Encore merci, mais vraiment tu abuses. Modère tes envois pour cette raison majeure qu'avec notre réapprovisionnement Dumoy et ce que nous recevons individuellement, il arrive que nous sommes chargés comme de vrais bourricots pour faire nos déplacements quotidiens.

Rien de bien nouveau ici. Après quelques jours de froid nous voici revenus à la pluie. J'ai eu le grand plaisir de pouvoir me rencontrer avec le fils Leprieur (Entr. Rue Titon) et nous avons pu déjeuner ensemble. J'ai rencontré également ce matin un employé de la Standard, 27 rue Titon. Cela fait plaisir de voir quelqu'un de connaissance dans ces pays perdus.

La santé se maintient toujours et j'espère que tout le monde se porte également très bien rue Titon. J'attends des nouvelles fraîches d'un peu partout car depuis huit jours je n'en ai reçu que de toi. Sans doute tous ces braves gens se réservent pour le Nouvel an. Ah si, j'en ai reçu de la Piqûre (Marcel) qui a le filon. Blessé en septembre, guéri maintenant, il est depuis deux mois à Paris à la disposition du Directeur du service de l'aviation !!! Voilà où mènent les pots de confitures et les flacons à liqueurs. Je termine car je suis un peu fatigué et je tombe de sommeil. Embrasse bien notre chère Louise et son petit Charles.

À toi et à notre cher petit Loup mes meilleurs baisers et caresses.
Ton grand Jo

43

1er janvier 1915

Ma petite Zette chérie,

C'est à toi que je veux adresser la 1ère lettre de l'année. J'ai reçu ce matin ta lettre contenant tous tes vœux. Merci mon vieux et je voudrais que la mienne partie il y a quelques jours soit arrivée également ce 1er janvier.

J'ai écrit à notre chère Louise hier en réponse à sa bonne lettre. Je ne pourrais que me répéter en te donnant des détails qui sont trop les mêmes. Je t'ai écrit il y a quelques jours en te donnant le détail de notre réveillon. Le jour de l'an sera moins copieux (je veux parler de l'ordinaire de la Cie mais nous le passons quand même à l'abri et c'est à considérer).

Je vais maintenant répondre à ton questionnaire.

Reçu réchaud. Très pratique on trouve ici de quoi se munir d'alcool, inutile donc d'en envoyer. Calvados, nectar divin, arrivé à bon port et juste à point la veille d'une chaude journée. Inutile de te dire qu'il a fait nos délices. Quant aux chemises, au reçu de cette lettre tu pourras m'en expédier une.

Pauvre M. Piquet, que sa vie doit être aussi triste seul et livré à de tristes pensées, lui aussi, surtout que depuis trois ans cette date du 1er janvier lui a été néfaste. Enfin chacun a ses peines mais il faut espérer que tout cela aura une fin et qu'alors nous saurons profiter de la vie d'autant qu'elle nous paraîtra douce. Quelles pirouettes je ferai sur le tapis avec notre cher petit Marcel, car nous aurons bien vite fait, je crois, de sympathiser. Cher petit Loulou qu'il est heureux de ne pouvoir penser et réfléchir encore et de pouvoir vivre dans l'insouciance. Espérons donc à des jours meilleurs et proches. Que ne donnerais-je pour pouvoir seulement aller vous voir ne serait-ce qu'un instant ? Mais je rêve à l'impossible.

En attendant, ma petite Zette, chérie reçois une ample provision de baisers et de caresses pour toi et notre cher petit Marcel. De bons baisers aussi pour notre chère Louise et son gentil petit Charles.

Encore un gros baiser pour toi.

Ton grand Jo qui pense beaucoup à toi.

Jo

44

2 janvier 1915

Ma petite femme chérie,

Je reçois ta lettre du 28 en même temps qu'une de Georges, Charlotte et Toto[74] d'Arcachon. Ils regrettent que je ne puisse être des leurs et je puis t'assurer que je le regrette autant qu'eux. Espérons que nous pourrons nous rattraper au retour et réparer nos forces physiques et morales. Morales encore plus que physiques car je crois que le jour où nous nous trouverons réunis ce sera tout et le reste reviendra comme par enchantement.

Quand je parle du reste je ne parle que de ce qui est parti est qui était plutôt gênant, c'est à dire ma « panse de rat » (mon ventre) comme dirait La Piqûre. À te lire on croirait vraiment qu'il ne me reste que la peau et les os. Détrompe-toi car, sans être frais, rose et gras, je suis encore en bon état. Tu as peur et comme je te comprends que je perde mon alliance. Sois tranquille, ma chérie, c'est mon porte-bonheur et je ne l'ai jamais quittée. Que cette pensée ne te hante pas ; mes mains n'ont pas maigri au contraire, je crois, ou alors ce sont les durillons qui forment des bourrelets. De crevasses point car j'use toujours de la glycérine dont j'ai encore une ample provision. Inutile donc de m'en envoyer pour l'instant. Ce que j'ai oublié de te demander c'est deux paires de chaussettes, mais bon marché, car il n'y a sur place personne pour les raccommoder et sales on les jette.

Mon écriture est, tu le vois, un peu plus soignée, non pas que je sois mieux installé, j'écris sur mes genoux assis sur mon lit !!! Mais je suis plus tranquille et voici pourquoi.

Après 4 jours que nous venons de passer au repos la compagnie est partie au travail ce soir pour six jours sans revenir ici. Après quoi six jours de repos ; c'est, paraît-il, le nouveau mode de travail adopté. Or en apprenant cette nouvelle ce matin, un abcès dentaire s'est soudain révélé dans ma mâchoire. Juge si j'ai couru à la visite. Le

---

[74] Marguerite Alnet, dite Toto, 15 ans, fille aînée de Georges et de Charlotte.

major m'a reconnu et j'espère rester ici les six jours pendant lesquels la Cie sera au travail plus les six jours de repos = 12 jours de pris sur la masse. S'il y avait moins loin je ferais un saut jusqu'à Paris mais il n'y faut pas songer pour le moment. D'ailleurs avec mon abcès il ne faut pas de grand air !!! Et cependant le vent souffle en ce moment en tempête dans ma chambre à coucher au point que j'ai de grandes inquiétudes sur la flamme de ma bougie fixée au bout de ma baïonnette. Rassure-toi donc sur mon sort car croie bien que beaucoup m'enviaient ce soir en partant.

Je t'écrirai demain un petit bout de lettre pour te donner mon bulletin de santé qui portera je l'espère, « pas de changement notable, état stationnaire ». Allons ma chère Zette je te dis bonsoir. Embrasse bien notre chère Louise et son cher petit Charles. De bonnes caresses à notre petit Marcel et à toi un million de bons baisers.

Ton grand Jo qui t'aime bien et pense beaucoup à toi.
Jo

45

3 janvier 1915

Ma bien chère Zette,
Mon bulletin de santé est meilleur encore que je ne l'espérais. Je suis retourné ce matin à la visite car j'avais remarqué que depuis quelques jours je faisais un peu de sang en allant à la selle. J'en ai fait part au major qui diagnostiqué : hémorroïdes internes. Or comme il n'y a rien ici pour me soigner je vais être dirigé sur une ambulance ou infirmerie quelconque à l'arrière. Où ? Mystère ! Les uns restent à quelques kilomètres d'autres plus heureux vont dans le midi. Aussitôt que je serai fixé sur mon lieu de résidence je te le ferai savoir.

Ne va pas t'alarmer ma chérie pour cette affaire. Je ne souffre pas du tout et suis si heureux de pouvoir être éloigné quelques temps pour me reposer un peu.

Allons ma chère petite Femme. Je ne puis t'en griffonner plus long et ne t'alarme pas si tu es quelques jours sans avoir de mes nouvelles au cas où le voyage se prolonge et que je ne puisse te mettre un mot. Bons baisers à Louise et à Charles.

À toi mille caresses ainsi qu'à notre petit Marcel. Je t'embrasse
Jo

46

Carte : Correspondance des armées de la République, carte en franchise.
Expéditeur : Tavernier premier Génie 22/2
Adresse : Madame Tavernier 17 rue Titon Paris

Ma chère Zette,
Un bonjour de Lyon en passant. Nous continuons je ne sais jusqu'où nous allons. A demain des nouvelles
Je t'embrasse bien fort. Ton mari,
E. Tavernier

47

Carte : Correspondance des armées de la République, carte en franchise.
Expéditeur : Tavernier premier Génie 22/2
Adresse : Madame Tavernier 17 rue Titon Paris

Ma chère zette,
Un mot en passant de Valence et nous continuons. Tout va bien Bon baisers à tous Ton mari
E. Tavernier

48

Carte postale : Orange, caserne des équipages
Cachet : 10 janvier 1915
Destinataire : Madame Tavernier 17 rue Titon Paris

Orange et Marseille et peut-être plus loin.
Je t'embrasse
Eugène

49

Carte : Correspondance des armées de la République, carte en franchise.
Expéditeur : Tavernier premier Génie 22/2
Adresse : Madame Tavernier 17 rue Titon Paris

Marseille le 10 janvier 1915

Ma chère Zette,
Nous descendons à Cannes ou à Nice. Je t'enverrai si possible un télégramme demain, en tous cas une lettre. Préparez vos malles. Bons baisers à tous.
Ton mari
E. Tavernier

50

Nice, le 11 janvier 1915 Hôpital n°207
Bd Victor Hugo

Ma chère Zette
Chère Petite Femme,
Me voici enfin arrivé au terme de mon voyage. Parti de l'Hôpital de Troyes samedi matin, je suis arrivé ici ce matin. (lundi à 9heures.) L'hôpital où je suis est installé au Grand Hôtel des Palmiers[75]. Maison de 1er ordre. Confort moderne, d'ailleurs rien n'est trop beau pour les militaires et l'étage où je suis est sous la direction d'une doctoresse qui m'a semblé charmante et les soins et pansements sont exécutés par les Dames de France[76] également très charmantes.
Je suis dans un excellent lit ! Mais cette fois un vrai lit, dans une chambre au 4ème étage avec balcon en plein soleil et vue sur le jardin et le Boulevard. Je ne sais encore si les visites sont tolérées ; en tous les cas si je ne suis pas à me promener dans le jardin, je serai à mon

---

[75] 44 boulevard Victor Hugo.
[76] Les Dames Françaises, organisation de femmes volontaires au service des hôpitaux, rattachée à la Croix-Rouge.

balcon celui où est le drapeau tricolore et le jardin n'est séparé de la rue que par une grille à travers laquelle on peut voir. De onze heures à midi je suis à table à la fenêtre de ma chambre. Enfin de toute façon tu ne peux attendre longtemps dehors.

Il fait aujourd'hui un soleil brûlant, j'ai la joue droite rôtie. Je ne sais non plus combien de temps je vais rester ici mais viens profiter du soleil et voir ton grand soldat. Embrasse bien Louise et Charles pour moi en attendant que je les voie ici avec toi.

Mille baisers à notre cher petit Marcel et à toi mes meilleures caresses.

Ton mari

E. Tavernier

Apporte-moi mes bottines en venant ainsi que quelques chemises de zéphir. Mouchoirs que tu garderas avec toi jusqu'a ce que je te les demande.

NICE. GRAND HOTEL DES PALMIERS

Ici s'interrompt momentanément la correspondance d'Eugène. Henriette et Louise sont venues le rejoindre avec leurs deux garçons. Pendant près de quatre mois Eugène reste hospitalisé, mais il bénéficie de sorties dont il profite avec Henriette pendant que Louise garde les enfants. Cette période restera, dans les lettres ultérieures d'Eugène, comme une parenthèse heureuse.

51

Montpellier[77] 2 mai 1915

Ma chère Zette

Ouf. Me voici à Montpellier après un rude voyage. Achicomplet au départ de Paris. En résumé obligé de rester empilé (c'est le terme exact) dans le couloir au milieu de voyageurs et de colis et debout jusqu'à Mâcon !!!

Enfin à Mâcon j'ai pu m'allonger dans le couloir. J'ai eu du mal à m'endormir avec le va-et-vient des passagers qui pour circuler dans le couloir devaient me marcher dessus. Enfin sommeil !!! jusqu'à Lyon. Là une place assise, quelle aubaine. A Tarascon changement de train. Enfin Montpellier, arrivée à 5h ½. Entretemps quelques copains du 1er génie retrouvés.

Enfin on débarque. On se renseigne. Notre régiment est rentré à Versailles depuis deux jours. Seule est restée ici une compagnie de territoriaux[78]. On se présente au quartier après avoir dîné, il est 8h ½. On nous trimbale de quartier en quartier car on ne nous attendait pas. Enfin on trouve quand même à nous héberger dans un couvent de Frères jésuites. Nous couchons sur une paillasse dans une espèce de théâtre et je m'endors enfin au son du chant du mois de Marie braillé par quelques centaines de gosses et de grandes personnes.

Réveil ce matin à l'appel du jus. Je sors à 11heures et à 11h10 je t'écris.

---

[77] Le 1er régiment du Génie auquel appartient Eugène est en garnison à Versailles. Son dépôt est à Montpellier. En vocabulaire militaire, un dépôt accueille toute la partie administration de l'unité et la gestion des hommes affectés au régiment.

[78] Le régiment d'infanterie territoriale est composée d'hommes entre 34 et 49 ans, trop âgés pour être engagés en première ligne. On les appelait les « pépères ». Eugène est de la classe 1900. Il ne fait donc pas partie des « pépères », mais il est parmi les plus âgés de la réserve.

Nous allons sans doute rejoindre Versailles cette nuit ou demain. Aussitôt mon départ, je te préviens ainsi que le lendemain de mon arrivée à moins que je ne puisse passer par Paris ce qui ne me paraît pas probable. Enfin de toute façon je serai à Versailles dans quelques jours.

Et toi j'espère que cela va et que cette lettre va t'apporter un peu de joie. Embrasse bien Louise et Charles pour moi. Mes meilleurs baisers pour toi et notre cher petit Loup
Je t'embrasse fort
Ton grand
Jo

Excuse les taches la table où j'écris est mouillée.

52

Versailles 6 mai 1915

Chère Henriette,

Je suis enfin arrivé à Versailles mais quelle drôle de vie on a l'air de mener ici : vie de prisonnier paraît-il. On sort le soir à 5 heures pour être rentré à 8 heures et le dimanche de midi à 8 heures.

Enfin il ne faut pas être trop exigeant. J'ai passé la visite ce matin et on m'a fourré vingt ventouses pour me remettre. Je n'ai pu encore sortir en reconnaissance pour toi c'est à dire pour te trouver un abri. Tu pourrais peut-être venir une après-midi en reconnaissance. De toute façon passe à l'hôtel Terminus le jour où tu viendras prévenir de ta visite. J'y passerai chaque soir à 5 heures voir ce qui se passe. Ma caserne est sur l'avenue à côté. Caserne des Coches. En venant apporte–moi une chemise, un caleçon une paire de chaussettes, mes bandes et mes batteries puis quelques mouchoirs. En tous cas, viens dimanche je t'attendrai à Terminus pour déjeuner à partir de midi jusqu'à….ce que tu arrives.

J'ai pris connaissance en arrivant d'une lettre de Louise du 2 septembre !!! Embrasse Charles et Louise pour moi. Bons baisers à notre petit Marcel. Je t'embrasse fort
Ton grand Jo

As-tu des nouvelles de Godi. On m'a chuchoté qu'il était blessé au pied.

Tavernier s/m Cie 22/28
Caserne des Coches
Versailles

53

[Entête:] Hôtel. Café. Restaurant Terminus, 4 avenue Thiers, Versailles.

Le 10 mai 1915

Maison de la Sainte Enfance[79]
2 rue des Bourdonnais
angle de la rue St Honoré

Chère Henriette,
Tu as dû recevoir une lettre de la Directrice de la rue du vieux Versailles. Pas de veine ? Je suis allé la voir ce soir pour avoir des tuyaux. J'ai trouvé votre affaire à toutes deux. Tout était arrêté mais j'aurais dû aller prendre mes repas au dehors car l'établissement est tenu par des sœurs et malgré la guerre la Sœur Supérieure n'a pas encore autorisé les maris à accompagner leurs femmes. C'est bien fâcheux car c'était très bien sous tous les rapports. Voilà donc ce que tu ou vous pourriez faire. Venir là quelques jours en dames seules ce qui vous permettrait de chercher autre chose à votre aise. Au besoin —car nous avons envisagé avec la sœur cette possibilité

---

[79] Maison de famille fondée en 1913 par les sœurs de le Congrégation de la Sainte Enfance, congrégation enseignante. Aujourd'hui collège du Sacré-Cœur de Versailles.

— vous prendriez avec moi, au dehors, votre repas du soir et on vous en tiendrait compte.

Dans ce cas si cette combinaison te (ou vous) sourit, venez, laissez vos bagages à la consigne allez voir la mère supérieure, discutez les prix et après entente venez chercher vos malles. Je crois quand même qu'il vaudrait mieux qu'Henriette vienne seule ces quelques jours. Enfin voyez et avisez.

Je vous embrasse tous et toutes.

Votre Jo

Je suis pressé car je voudrais que ma lettre soit déjà arrivée.

La maison de famille en 1913

54

Carte postale : L'Auvergne pittoresque
Cachet : Gare d'Arvant Haute-Loire

Tavernier 1ᵉʳ Génie

15 août
1915
Madame Tavernier
17 rue Titon, Paris

Chère Henriette,
Dans le train depuis hier lundi, nous devons arriver jeudi matin. Je ne sais à quelle compagnie je serai affecté. Ne viens pas avant d'avoir d'autres renseignements car on est caserné un peu partout paraît-il.
Bons baisers pour toi et notre petit Marcel
Eugène

55

Carte postale : Parc de Versailles, bosquet de la colonnade.
Cachet : 23 août 1915

Tavernier 1ᵉʳ Génie Projecteurs[80] Versailles
                        Madame Tavernier, 17 rue Titon, Paris

Chère Henriette,
Tout va bien et s'est très bien passé hier.
Je compte aller te voir mercredi.

Embrasse notre petit Marcel.
Bons baisers pour toi.
John

Projecteur auto-porté du Génie

---

[80] Les attaques de nuit devenant de plus en plus nombreuses, les projecteurs et les fusées éclairantes étaient devenus insuffisants. Pour les troupes de campagne, il fallait pouvoir disposer à tout moment d'un éclairage puissant. Ces nouveaux projecteurs, fixes ou auto-portés pour plus de mobilité étaient manœuvrés par les soldats du Génie.

56

Carte postale : Une locomotive

Cachet : La Roche Gare, 16 septembre 1915

Tavernier Eugène, 1er Génie C.E.O.
12h ½

                                            Madame Tavernier
                                            17 rue Titon, Paris

Bons baisers de ton Jo

57

Carte postale : Dijon, Église Notre-Dame
Cachet : La Roche Gare, 16 septembre 1915

1er Génie D 29, Tavernier Eugène
                    Madame Tavernier, 17 rue Titon, Paris

Ma chère Zette,
Un bonjour de Laroche. Le voyage s'effectue dans de bonnes conditions. Bons baisers pour toi et notre petit Marcel. Ton grand Jo

58

Carte postale : Valence, Panorama de la place Championnet et avenue Gambetta

Tavernier 1ᵉʳ Génie, C.E.O.
                                            17 septembre 1915
                    Madame Tavernier,17 rue Titon, Paris
Valence, le 17 septembre 1915, 7h matin
Et on roule toujours. Nuit agitée. Mauvais lit dans le couloir du wagon. Enfin, c'est la guerre. Bons baisers pour toi et Marcel.
Tavernier.

59

Carte postale : Nos courriers maritimes, compagnie des messageries maritimes, le Natal
Cachet : St Ferréol (Marseille), le 17 (18) septembre 1915

Tavernier 1ᵉʳ Génie C.E.O.
                    Madame Tavernier, 17 rue Titon, Paris
Chère Zette,
Je t'envoie la reproduction du transport qui nous emporte là-bas. Espérons une bonne traversée.
Bons baisers pour toi et Marcel
Ton Jo

44 NOS COURRIERS MARITIMES. — Cie des Messageries Maritimes " Le Natal ". — LL.

60

[Entête:] Correspondance militaire carte lettre

Marseille samedi matin 18 septembre 1915

Ma chère Zette,
Ouf nous sommes enfin arrivés à Marseille. Quel voyage et quelle chaleur. Partis de Versailles à 1 heure du matin jeudi nous sommes arrivés ici hier soir vendredi à 6 heures du soir.

Nous avons changé de train trois fois. Vois comme c'est amusant quand tu es installé avec tout le fourniment et qu'il faut déménager. Comme confort c'eut été bien si on avait été moins nombreux dans chaque compartiment, mais quand tout notre barda était casé nous avions juste de quoi nous asseoir. Quant à nous coucher, le plancher des wagons et des couloirs était tout indiqué.

Un pénible incident s'est produit en route. Un poilu est tombé entre deux wagons et une douzaine de wagons lui ont passé dessus. Quand le train s'est arrêté quelque cent mètres plus loin cela devait faire une jolie marmelade ! Nous ne l'avons pas vu mais le train a dû lui passer sur la poitrine et le couper en deux. Il était tombé en travers sur le rail. Tout ce que nous avons pu constater c'est le sang et des morceaux de chair après les roues du wagon qui le premier lui est passé dessus.

Donc arrivés ici pour gagner notre cantonnement nous avons fait une heure et demie de marche. Te dire dans quel état nous étions en arrivant !! Un bon lavage et nous avons quand même trouvé le courage pour aller dîner en ville car on parlait d'embarquer dans la nuit même et nous voulions quand même voir quelque chose de Marseille.

Nous sommes descendus jusqu'à la Cannebière, naturellement, mais nous n'avons pas mangé la bouillabaisse. Je dois te dire que devant partir dans la nuit même, notre cantonnement était consigné et nous ne pouvions ou plutôt ne devions pas sortir. Mais il suffit que quelque chose soit défendu pour que tout de suite on fasse ce quelque chose. Nous avons fait comme les gosses. Nous sommes partis en expédition à cinq et nous avons sauté le mur. Nous sommes d'ailleurs rentrés au bercail par le même chemin. Comme cantonnement un immense hall couvert mais non fermé et le sol comme matelas, le sac pour oreiller et allez donc. Par exemple il y avait de la place. Nous étions là 168 poilus et le hall en contiendrait facilement 2000.

Ce matin nous sommes encore sur le qui-vive attendant les ordres. Les uns disent que nous devons embarquer à midi, d'autres à 5 heures. Attendons les événements mais le plus malheureux de l'histoire c'est que nous n'osons bouger d'ici.

Comme ville, je ne puis te dire ce qu'elle est ne l'ayant pas assez visitée, mais comme animation, toutes les grandes artères sont noires de monde. À onze heures du soir les terrasses étaient encore bondées. Des illuminations à n'en plus finir. Paris un soir de grande fête. Vraiment ces gusses du midi ne s'en font pas une mirette. Je suspends ma conversation on sonne le rassemblement.

....

On peut sortir casser la croûte mais il nous faut rentrer à 11h ½ car il est question de partir à 3h et il y a 10 kilomètres à faire pour rejoindre le paquebot. Il fait orage et qu'est-ce que nous allons encore prendre comme suée.

Et toi mon pauvre vieux. Ça va-t-il un peu. Sois forte et courageuse comme tu me l'as promis. J'espère que tu voudras tenir ta promesse et de le penser me donnera du courage. J'ai reçu une lettre de Louise au moment de partir.

Allons ma chère petite femme je te quitte et te donnerai mon journal de bord en arrivant à Moudros. Embrasse bien notre petit Loulou. Mon souvenir à Aline. À toi mes meilleurs baisers. Ton grand qui pense bien à toi.

Jo

Tu peux l'écrire à cette adresse :

E. Tavernier 1er Génie section projecteurs C.E.O. D.29 par Marseille.

61

Carte postale : Marseille, panorama de la Corniche

Marseille, le 18 septembre 1915

Tavernier, 1ᵉʳ Génie C.E.O.

Madame Tavernier, 17 rue Titon, Paris

Chère Zette,

Nous devons embarquer tantôt mais ne savons encore à quelle heure. Temps chaud.

Bons baisers pour toi et notre petit Marcel.

Jo

Annexes

Fernand Léger

Né en 1881 à Argentan, le peintre Fernand Léger était de la classe d'Eugène. Ils ont fait leur service militaire ensemble. Tous les deux ont ensuite été incorporés comme simples soldats dans le 1er Régiment du Génie et envoyés au front en Argonne. Fernand Léger a d'abord été sapeur comme Eugène, puis brancardier.

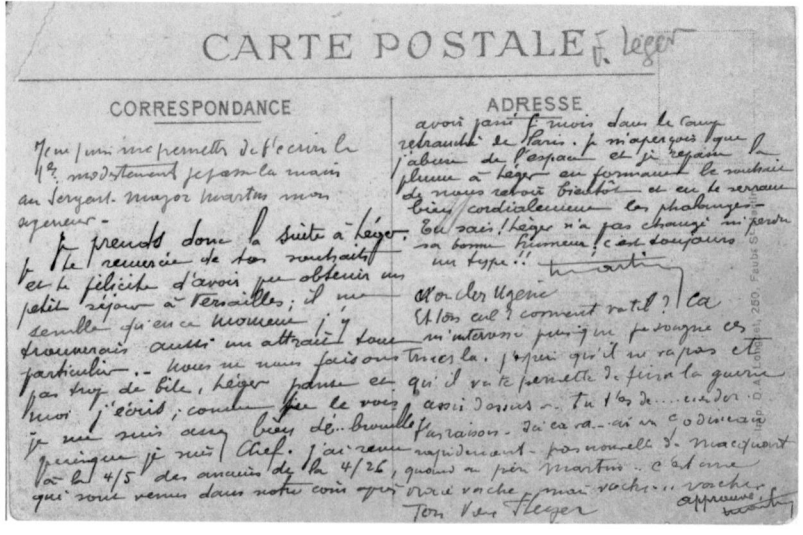

Carte postale : L'Argonne. Vallée de Biesme au Claon
Recto : Guillot est prisonnier
Leblond embusqué à l'arrière. On t'embrasse.

(De la main de Fernand Léger)
Je ne puis me permettre de t'écrire le 1er. Modestement je passe la main au Sergent Major Martin, mon supérieur.

(De la main du Sergent Major Martin)
Je prends donc la suite à Léger. Je te remercie de tes souhaits et te félicite d'avoir pu obtenir un petit séjour à Versailles ; il me semble qu'en ce moment j'y trouverais aussi un attrait tout particulier. Nous ne nous faisons pas trop de bile, Léger panse et moi j'écris ; comme tu le vois je me suis assez bien dé…brouillé puisque je suis Chef. J'ai revu à la 4/5 des anciens de la 4/26 qui sont venus dans notre coin après avoir passé cinq mois dans le camp retranché de Paris. Je m'aperçois que j'abuse de l'espace et je repasse la plume à Léger en formant le souhait de nous revoir bientôt et en te serrant bien cordialement les phalanges. Tu sais ! Léger n'a pas changé ni perdu sa bonne humeur, c'est toujours un type !!
Martin

(De la main de Fernand Léger)
Mon cher Eugène,
Et ton cul ? Comment va-t-il ? Ça m'intéresse puisque je soigne ces trucs-là. J'espère qu'il ne va pas et qu'il va te permettre te finir la guerre assis dessus. Tu t'as de…merder [?]. T'as raison. Ici ça va. Ai vu Godineau rapidement. Pas nouvelles de Macquart. Quant au père Martin, c'est une vraie vache, mais vache… vache.
Ton vieux Léger.

(De la main du Sergent Major Martin)
Approuvé,
Martin

Portrait d'Eugène par Fernand Léger

Ce portrait conservé par Eugène, sans date et sans signature, remonte très certainement aux années 1901-1904 quand les deux amis faisaient leur service militaire dans la même unité.

Le livret militaire d'Eugène

Bureau de recrutement : 1900
Numéro au registre ou à la liste matricule : 61
Modèle n° 56.
Art. 220 de l'Inst^{on} ministérielle du 29 juillet 1926.
N° 96 de la Nomenclature spéciale.

FASCICULE DE MOBILISATION.
(Modèle 1.)

4e RÉGION. Classe de mobilisation : *dernière* 2ème réserve
BUREAU DE RECRUTEMENT : ARGENTAN

Nom et prénoms : Tavernier Eugène Louis Céleste
Né le 1 Mars 1880 à Almenesches
Profession : Métreur
Grade : (1) 2ème Classe
Domicilié à Almenesches
Canton de Mortrée
Département d' ORNE

Est placé dans la position « SANS AFFECTATION ».

VOIR L'ORDRE POUR LE CAS DE MOBILISATION PAGE 3 DU PRÉSENT FASCICULE.

(1) Porter sur cette ligne la mention « Service auxiliaire » pour les hommes appartenant à ce service.

Ce que nous apprend le livret militaire d'Eugène

Naissance le 1ᵉʳ mars 1880 à Almenèches, canton de Mortrée dans l'Orne
Profession : mêtreur
Fils de Toussaint et de Piquet Virginie
Domiciliés à Almenèches
Cheveux et sourcils bruns
Yeux bruns
Front large
Nez aquilin
Bouche moyenne
Menton rond
Visage ovale
Taille 1m80

Jeune soldat appelé de la classe 1900 de la subdivision d'Argentan
N°14 de tirage dans le canton de Mortrée
14ᵉᵐᵉ D/26

Arrivé au Dépôt du 1ᵉʳ Génie à Versailles le 24/2/19
Mis en route isolément sur (localité définitive) rue Titon 17 le 24/2/19
A perçu la somme de six francs au titre des frais de déplacement.

A accompli une période d'exercice dans le premier régiment du Génie à Versailles du 29 avril au 25 mai 1901
A accompli une période d'exercice dans le premier régiment du Génie 4/2 du 17 mai au 2 juin 1910

A refusé les soins prothétiques stomatologiques du Centre de prothèse dentaire de Seine-et-Oise. « Peut et doit faire tout son service »
Le 11/2/18
Le médecin-chef du centre de prothèse.

Vaccination antityphique les 12, 109, 26 mai et 30 juin 1915
Revaccination anticholérique 7 août 1916

TIR
Fusil, carabine, mousqueton
Nombre de points obtenus, nombre de balles mises
1902 : 2/4 6/8 3/5 4/5 5/7 6/7 4/4 ¾ ¾
Totaux : 35/48 Classement : 2ème
1903 : 3/6 3/5 4/8 4/6 5/7 6/8 5/7 3/3 4/4 Totaux : 37/54 Classement : 2ème
1904 : Soldat musicien.

10 juin 1921 :
Maintenu Service Armé par la commission de réforme de la Seine : invalidité inférieure à 10%

Travaux pratiques : (Terrassements, travaux de campement, confection sapes, mines, ponts de circonstance, ponts d'équipage, aérostiers, artificiers, colombophiles, télégraphistes)

1901 (novembre) Recrue
1902 Élève musicien
1903 Soldat musicien
1904 Soldat musicien

Enregistrement des effets (service militaire) :
Capote, Pantalon, veste en drap, brodequins, jambières,
Boite à graisse
Bobine en bois renfermant six aiguilles et une alêne emmanchée
Veste, bretelles, brosse à boutons, brosse à habit, brosse à reluire, brosse double à chaussures, brosse pour armes, caleçon, ceinture de flanelle, chemise de coton, chemise de flanelle, ciseaux de petite

monture, courroie de capote ou de manteau, cravate ou col, cuillère, dé à coudre, épaulettes, étui-musette, fiole à tripoli, fourchette, gamelle individuelle, gants de laine, glace, guêtre de toile, martinet, mouchoir de poche.

Haute paye journalière d'ancienneté des soldats : 12 centimes, 16 centimes

Campagnes :
Contre l'Allemagne l'Autriche, la Bulgarie, du 11 août 1914 au 24 février 1919.

Visa de la gendarmerie constatant les changements successifs de résidence :
Vu à l'arrivée dans la commune de Paris, 17 rue Titon, le 3 juin 1908.

Formule pouvant tenir de feuille de route lors du renvoi de l'homme dans ses foyers :
Passé dans la disponibilité de l'armée d'active le 17 septembre 19- - ? Se retire à Paris 17 rue Titon.

Chronologie

1880

Naissance à Argentan, commune de l'Orne d'Eugène, Louis, Céleste Tavernier.

1901

Appelé de la classe 1900 de la division d'Argentan.
Effectue son service comme élève musicien puis musicien de 1901 à 1904.

1913

14 mai
> Première lettre à Henriette Bridoux.

18 juin
> Mariage à Château-Thierry avec Henriette Bridoux.

1914

4 mai
> Naissance de son fils Marcel

15 août
> Mobilisé comme réserviste. Rejoint son régiment à Versailles.

5 septembre
> Arrive à Montpellier, dépôt de son régiment.

21 septembre

Affecté comme sapeur mineur dans le 1er régiment du Génie, compagnie 22/2, 22ème Corps colonial.

24 septembre
Arrive sur le front en Argonne. Travaille la nuit aux boyaux de communication entre le bois d'Hauzy et Melzicourt

5 octobre
Les quatre compagnies du Génie organisent la défense de la ligne de la Biesne, de Lachalade à Vienne-le-Château.

10-11 octobre
Organisation défensive de deuxième ligne et perfectionnement des tranchées de première ligne.

12 octobre
La compagnie fait des sapes et des fourneaux à l'ouest du bois de la Gruerie.

14-16 octobre
Les tranchées de la ligne de la Biesne sont terminées.

17 octobre
Les Compagnies 2/2 et 2/3 sont relevées et envoyées à La Neuville-au-Pont pour se reposer.

30 octobre
Le capitaine organise une marche jusqu'à Valmy pour commémorer la victoire de Kellermann.

3 novembre
Affecté à la 2ème Division d'Infanterie Coloniale.

5 janvier
Évacué pour des problèmes d'hémorroïdes.

1915

11 janvier
Arrive à l'hôpital à Nice. Henriette et sa sœur Louise s'installent à Nice avec Marcel et Charles. Eugène reste à l'hôpital jusqu'en mai.

2 mai
Rejoint son dépôt à Montpellier.

6 mai 1915
> Rejoint son régiment à Versailles. Obtient son changement d'affectation pour le Corps Expéditionnaire d'Orient dans la section « projecteur ».

10 mai
> Organise la venue d'Henriette à Versailles.

16 septembre
> Départ pour Marseille.

18 septembre
> Embarque sur le Natal

Descendance de Toussaint Tavernier

Desc	Nom	Naissance	Conjoint	Date union
G1				
	Toussaint TAVERNIER	1/11/1842	Virginie PIQUET	18/6/1866
G2				
1	Célestine TAVERNIER	1869	Alexandre DESHAIS	
2	Eugène, Louis, Céleste TAVERNIER	1/3/1880	Jeanne, Henriette BRIDOUX	18/6/1913
3	Alice TAVERNIER	1885	Georges BERTHOU	1906
G3				
1.1	Morice DESHAIS	5/7/1890	Jeanne PIQUET	1914
	Union 2		Georgette GIRAUD	1974
1.2	Marie-Louise DESHAIS	1896		
2.1	Marcel TAVERNIER	4/5/1914	Suzanne CERATI	6/1/1939
	Union 2		Yvonne BOUCON	29/9/1960
2.2	Marie-Louise TAVERNIER	22/8/1918	Bernard André CLÉMENT	27/10/1943
2.3	Jacques, Antoine TAVERNIER	12/1/1923	Geneviève LAUSENT	27/6/1946
3.1	Raymonde BERTHOU	3/1913	Louis-Robert DUVAL	

Descendance d'Alexis Bridoux

Desc	Nom	Naissance	Conjoint	Date de l'union
G1				
	Alexis BRIDOUX	26/11/1839	Marie-Louise DUBOURG	
G2				
1	Aline BRIDOUX			
2	Edmond Hégésippe BRIDOUX			
3	Louise Nathalie BRIDOUX	5/4/1872	Paul Auguste Charles DUBOURG	22/10/1896
4	Charlotte BRIDOUX	1874		
5	Charlotte BRIDOUX	9/6/1878	Georges ALNET	29/4/1897
6	Jeanne, Henriette BRIDOUX	9/12/1885	Eugène, Louis, Céleste TAVERNIER	18/6/1913
G3				
1.1	Louis Charles Marcel DUBOURG	14/2/1900		
1.2	Charles Marcel Louis DUBOURG	17/4/1909	Jacqueline THERON	
3.1	Marguerite Marcelle ALNET	24/10/1899	Marcel Pierre LEROUX	1916
3.2	Suzanne Marie-Florence ALNET	24/12/1902	Émile Henri MUNCK	5/12/1927
3.3	Antoinette ALNET	25/8/1904	Étienne Jules MARTERET	17/12/1929
4.1	Marcel, Georges, Charles TAVERNIER	4/5/1914	Suzanne CERATI	6/1/1939
	Union 2		Yvonne BOUCON	29/9/1960
4.2	Marie-Louise Cécile Virginie TAVERNIER	22/8/1918	Bernard André Théophile CLÉMENT	27/10/1943
4.3	Jacques, Antoine TAVERNIER	12/1/1923	Geneviève LAUSENT	2/6/1946

*Les parents d'Henriette,
Alexis Bridoux et Marie-Louise Dubourg*

Index des personnes

Alnet Antoinette, 8, 60
Alnet Georges, 8, 22, 29, 54, 58, 60, 68, 87
Alnet Marguerite, 8, 15, 60, 76, 87
Alnet Suzanne, 8, 60
Berthou Georges, 8, 71
Berthou Raymonde, 8, 20, 53, 57
Blin (M., travaux publics), 76
Bridoux Alexis, 8, 69
Bridoux Charlotte, 8, 15, 22, 26, 35, 36, 60, 76, 87
Bridoux Louise, 8, 9, 10, 14, 15, 23, 24, 26, 31, 32, 33, 34, 42, 43, 45, 47, 53, 58, 60, 67, 71, 86, 92, 93, 96, 105, 117
Charles Jo, 45
Clémenceau Georges, 68
Deshais Alexandre, 8, 20, 72
Deshais Marie-Louise, 8, 17, 20, 21, 26
Deshais Morice, 31, 56, 65
Dubourg Charles, 8, 15, 20, 23, 24, 64, 67, 72, 75, 80, 81, 89, 92, 117
Dubourg Henri, 23, 26, 47
Dubourg Marie-Louise, 8, 21
Dubourg Paul, 8
Duguy (Madame), 65

Godineau Roger, 8, 16, 17, 30, 31, 36, 43, 54, 56, 58, 59, 60, 70, 72, 96, 109
Hurbe (M., travaux publics), 65, 72, 76
Léger Fernand, 8, 107, 109, 110
Leprieur (fils), 56
Leprieur (M.), 32
Leroux (M., père de Marcel), 15, 54, 58, 76
Machat (camarade de régiment), 36
Macquart, 109
Martner (Maître), 14, 22
Mélanie, 23
Pacton (fils de M. Pacton), 36
Piquet (M.), 17, 22, 56, 65, 70, 73, 75, 80, 86
Piquet Madame, 20
Piquet Virginie, 17, 22, 45, 53, 54, 65, 70, 71, 72, 73
Puech (Mlle), 45
Roger (concierge de la rue Titon), 58
Roger (fils du concierge), 65
Royer (M., charretier), 72
Tavernier Alice, 8, 20
Tavernier Célestine, 7, 8, 20, 31
Toussaint Tavernier, 7, 21, 64, 113
Virginie Piquet, 7, 56

Index des lieux

Acy-en-Mulcien, 24
Alexandre Dumas (rue), 72
Almenêches, 7, 8, 20, 31, 42, 56, 70, 73
Argentan, 8, 42, 45, 56, 72, 107, 116
Argonne, 9, 10, 67, 69, 71, 73, 76, 79, 107, 109, 117
Asnières, 15
Bagatelle, 73
Bolante, 83
Caserne des Coches, 95, 96
Château-Thierry, 7, 8, 9, 14, 17, 22, 23, 33, 34, 35, 45, 54, 55, 116
Courtémont, 79
Dijon, 101
Dormans, 24
Dreux, 56
Écouffes (rue des), 76
Fère-en-Tardenois, 8, 23
Fontainebleau, 37
Four de Paris, 73
Joinville, 42
La Bellière, 7
La Loupe, 23, 39, 40, 41, 42, 44, 53, 54, 59, 60
La Roche, 100, 101
Le Mans, 8, 43, 45
Le Perreux, 42
Le Tréporrt, 8
Les Palmiers (hôtel des), 91
Lyon, 38, 89, 94
Mâcon, 94
Maison de la Sainte Enfance, 96

Marseille, 90, 91, 102, 103, 104, 105, 106, 118
Mathis (rue), 22, 66
Minaucourt, 81
Montpellier, 39, 42, 44, 45, 56, 59, 94, 116, 117
Nice, 10, 73, 91, 117
Normandie, 53, 73, 75
Orange, 90
Palavas-les-Flots, 39, 40, 41, 42
Racine (rue), 69
Saint-Hippolyte, 20
Saint-Maur, 42
Salonique, 7, 9
Tarascon, 94
Titon (rue), 8, 22, 29, 37, 38, 56, 57, 61, 62, 71, 80, 85, 89, 90, 91, 98, 99, 100, 101, 102, 106
Valence, 89, 102
Valmy, 63, 117
Verdun, 71
Versailles, 8, 10, 32, 33, 34, 35, 36, 43, 94, 95, 96, 99, 103, 109, 116, 118
Vienne-le-Château, 117